金沢ふるさと偉人館

創立30周年記念

近代を拓いた
金沢の100偉人

北國新聞社

「近代を拓いた金沢の100偉人」発刊に寄せて

金沢ふるさと偉人館　館長　島津　健一

金沢ふるさと偉人館は平成5年11月27日「金沢市立ふるさと偉人館」として開館し、令和5年をもって30周年の節目を迎えました。

当初、皆様ご存じの「高峰譲吉」「木村栄《ひさし》」「三宅雪嶺《せつれい》」「藤岡作太郎」「鈴木大拙《だいせつ》」の5人の顕彰から始まり、現在は38人の金沢ゆかりの偉人を常設展示しています。本年9月には、特別展木村栄にちなみ、「木村栄がつなぐ過去と未来の天文学」と題し、記念講演会を開催しました。

その後、期せずして創刊130年を迎えられた北國新聞社より、金沢にゆかりの偉人を顕彰する本の発刊のご提案をいただきました。

元金沢市長の山出保氏と元金沢ふるさと偉人館館長松田章一氏にご監修賜り、北國新聞社とも協議を重ね、100人の偉人を選定しました。特に偉人の中でも地域に貢献度が高く、現在でも偉人の願いが継承されたり、顕彰の志が続いているなど深く影響を与えている偉人を4ページとし、「令和のいま」に生きているエピソードを前面に押し出しました。

なお、掲載順は原則、生年月日順としましたが、一部、編集の都合により順序が入れ替わっています。

この本の刊行にあたり、偉人の関係企業、顕彰会、子孫の方々などから多大な取材協力、そしてご協賛を賜りました。あらためて心から感謝申し上げます。

弊館の増山仁副館長、山岸遼太郎学芸員、北國新聞社の宮下岳丈出版部専任部長、福田信一開発部参与が編集、執筆に当たりました。

目次

《凡　例》

１００偉人の掲載は生年月日順と致しました。ただ、編集の都合上、一部で順が前後しておりますので、ご了承ください。文中にあります年齢、法人・団体の役職などは２０２３年12月1日現在となっております。

偉人の選定基準について、①金沢ふるさと偉人館で顕彰②金沢出身③金沢で教育④金沢で活躍⑤生年は原則明治以前⑥明治以降に活躍⑦現代にも影響を与えている⑧「ふるさと人物伝」（北國新聞社）「もっと知りたい 金沢ふるさと偉人館」（金沢ふるさと偉人館）「かなざわ偉人物語」（金沢こども読書研究会）に掲載されている、としました。

偉人名及び図書名についてはすべて新聞表記（原則新字体・「図書名」）で統一しました。

1

北陸に近代医学を拓いた

黒《くろ》川《かわ》 良《まさ》安《やす》

感染症撲滅の願いを継承
故郷上市でも顕彰の志続く

新型コロナウイルス禍を経験した今、明治の金沢に西洋の近代医学を広め、金沢大学医学類の礎を築いた黒川良安の存在が見直されつつある。黒川は幕末の加賀藩で、死に至る病と恐れられた感染症・天然痘を予防するための接種「種痘」を実施し、拠点の種痘所を開設、後の金大医学部への道を拓いた。「感染症撲滅の父」たる黒川は、金大医学部記念館で顕彰され、「黒川良安賞」という優秀医学生への表彰制度が続き、金沢市内の民家には旧居の一部が移築され守られている。ふるさとの富山県上市町では、顕彰碑の清掃を続けた地元の小学校が創立150年の2024年に向けて黒川を称える事業を検討している。

黒川 良安
(1817～1890)

現在の富山県上市町の農家に生まれ、医学を志した父の治助(玄龍)とともに蘭学を学ぶため長崎へ。23歳になるまで12年間、長崎で西洋医学を勉強する。29歳で加賀藩主に仕える医者に。1850(嘉永3)年、加賀藩で初めて種痘を長男誠一郎に施す。良安たちの努力が実り、62年、金沢市彦三に種痘所ができる。これが金大医学部の前身となる。

黒川良安ゆかりのキンストレーキ（人体解剖模型）などが展示された金沢大学医学部記念館＝金沢市宝町

金大に感染症科学講座を新設

「大先輩は、私たちにとって誇らしい存在です」。金沢大学附属病院の蒲田《がばた》敏文病院長は黒川良安を指し、こう語って、その名を冠した「黒川良安賞」が医学類の優秀な学生に対して今なお続いているのが敬慕の表れだと説く。この賞は、２００５（平成17）年から行われており、金大医学類を6年で卒業する優秀な医学生3人を毎年春に表彰している。医の志を受け継ぐ後輩たちに校祖の名を知らしめ、末永く顕彰していこうとの考えから続いてきた。

「ワクチン開発の源流は黒川にあると思っています」。だからこそ、黒川が創始した金大医学類で、感染症撲滅の願いを継承しなければとの考えを蒲田病院長は強くし、今、感染症科学の講座を新設する準備を急いでいるという。

黒川良安の名が金大医学類でしきりに取り沙汰されたのは、２０１２年の金大医学部創立１５０周年。様々な事業が展開された。金大医学部記念館には、黒川が長崎から持ち帰った人体解剖模型のキンストレーキが置かれ、その偉業を称えるパネルなどが展示された。また、金沢市

感染症科学講座新設の考えを語る蒲田病院長＝金沢大学附属病院

晩年の住まいを守る加藤智穂さん＝金沢市横川5丁目

旧宅の居間、民家に残る

安江町の彦三郵便局前には、「彦三種痘所跡地」の標柱が建てられた。彦三種痘所は卯辰山養《よう》生《じょう》所を経て、1870(明治3)年、金沢医学館と金沢病院になる。つまり、金大医学類のルーツなのだ。

ところで、黒川が晩年過ごした旧宅が金沢市横川5丁目の民家に残っていることはあまり知られていない。もともと同市古寺町(旧町名、現・片町2丁目)にあったのを昭和の戦後、戸主の加藤氏が郊外に移転する際、居間の一部をそのまま新築の邸宅にくっつけたのである。玄関先の居間に囲炉裏《いろり》が切られ、黒光りする自在鉤《かぎ》や極太の梁《はり》が黒川の隠居所を彷彿《ほうふつ》させる。現在の住人加藤智穂さん(87)は、元気な限り維持管理に努めたいと、後世に残していく意思を明らかにした。

黒川 良安の歩み

1817(文化14)年	越中黒川村に父治助、母ますの長男として出生
1828(文政11)年	両親とともに和蘭医学の修業のため長崎へ
1840(天保11)年	長崎からの帰国途上、加賀藩執政青山将監に仕える この後、緒方洪庵の勧めで江戸で坪井信道に入門して塾頭になり、佐久間象山と交遊
1846(弘化3)年	加賀藩医師となる
1850(嘉永3)年	加賀藩で初めての種痘を長男誠一郎に行う
1854年	加賀藩壮猶館の翻訳方を拝命
1862(文久2)年	金沢彦三町に藩種痘所が開設され棟取を拝命
1867(慶応3)年	金沢藩卯辰山養生所の主付拝命
1868(明治元)年	金沢藩医学館設立準備と調査のため再び長崎へ
1870年	医学館(金大医学部前身)開設。総督医を拝命
1871年	医学館の役職を辞任
1885年	東京・本郷真砂町に居を移す
1890年	病気のため死去
1923(大正12)年	富山県中新川郡教委が黒川村に顕彰碑を建立

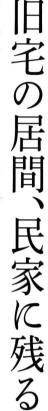

顕彰碑まわりの清掃続ける

山裾に建つ黒川良安翁顕彰碑＝富山県上市町黒川

黒川良安のふるさとは、北アルプス剱岳《つるぎだけ》の麓にある富山県上市町黒川。環境省の名水百選の一つ「穴の谷の霊水」で有名だが、「おらが村の偉人」を称える事業が長らく続いてきた。黒川区長の井原真二さん(70)は「りょうあんさんは今でも敬われ続けている」と胸を張る。黒川区では「まさやす」と呼ばず、親近感を込めて音読みで通してきたという。

「穴の谷の霊水」の駐車場に隣接する小高い山裾に、黒川良安翁顕彰碑が建つ。もともと、少し離れた里山の円念寺山に黒川の墓とともにあったのを「より良い地」に移した。以後、黒川区の有志や、地元の南加積小学校の児童が、碑の周囲を清掃するなどして守っている。

ところが、コロナが蔓延して以降、活動を休止して今日に至っている。南加積小学校は2024年、開校150年の大きな節目を迎える。過疎化と少子化の波をかぶり全校児童は今96人。中学校との併合が浮上しているが、来年に向けて記念の年にふさわしい新規事業を考えたいと話すのは松下京子校長である。柱の一つにふるさとの偉人黒川良安を令和っ子に知ってもらうとともに実践する活動を前向きに検討したいとしている。

黒川良安の出身地の近くの円念寺山に残る墓。
左に立つのは井原真二黒川区長
＝富山県上市町黒川

2

郷土史研究のパイオニア

森《もり》田《た》 柿《し》園《えん》

新県立図書館に森田文庫
志を継ぐ石川郷土史学会

森田柿園は幕末から維新、明治の激動の時代を生き郷土史研究のパイオニアとなった。その膨大な蔵書が「森田文庫」と称して、2022(令和4)年、新築オープンした石川県立図書館(愛称・百万石ビブリオバウム)貴重資料書庫に保管されているのを知る人は、多くはないだろう。「金沢古蹟志《こせきし》」や「加賀志徴《しちょう》」「能登志徴」「越中志徴」など柿園の著作はもとより、藩政期の貴重な記録、絵図など約750点2000冊に及ぶ。それは柿園の子孫から寄贈され、最後に自宅所蔵分を寄付したのがひ孫の鈴木雅子さん(95)である。

森田 柿園
(1823~1908)

幕末の金沢に生まれ、藩政期には茨木氏の家臣を務め、明治維新後は金沢県を経て、石川県の官吏に。傍ら、郷土史研究にいそしみ先駆けとなった。加賀藩の歴史についての著作が多く、前田家の蔵書調査係も務めた。

白山麓の18カ村の帰属をめぐる論争で、史実を示して、山頂および18カ村を石川県に帰属させるのに尽力した。

ひ孫の鈴木さん健在

鈴木雅子さんは、つい最近まで石

石川県立図書館（百万石ビブリオバウム）の貴重資料書庫に保管されている「森田文庫」＝金沢市小立野2丁目

石川県立図書館の外観

川郷土史学会の会員であった。「すごい人でしたよ。昭和末かな、会員となられ毎年1回、会誌に欠かさず論文を発表され、一方で何冊もの著書を上梓《じょうし》されていました」。こう述懐するのは同史学会の横山方子《まさこ》副会長である。著書でも貴重な労作と

なったのが、曽祖父森田柿園の記録から読み解いた「加賀の下級武士の藩政期と維新後　森田柿園の記録から」で、2019（令和元）年10月に初版第一刷が発行された。

　鈴木さんは1928（昭和3）年、東京に生まれ、旧東京帝大文学部を卒業し、長らく主婦業の傍ら、大学で専攻した国語学、古典の自主研究にいそしんだ。60歳を過ぎる頃から東京にいて石川郷土史学会会員となり、加賀藩士だった森田家および曽祖父柿園についての研究に意欲的に取り組む。晩年の集大成としたのが、くだんの「加賀の下級武士の藩政期と維新後」であろう。曽祖父のDNAをしっかり受け継いだ観がある。

　柿園は廃藩置県のはざまに立って、加越能で見聞した史実を、先祖から受けた文書を基に、県の官吏として精力的に見聞を広め、あまたの著に

藏角会長（前列左から2人目）ら石川郷土史学会の幹部＝金沢城鼠多門橋

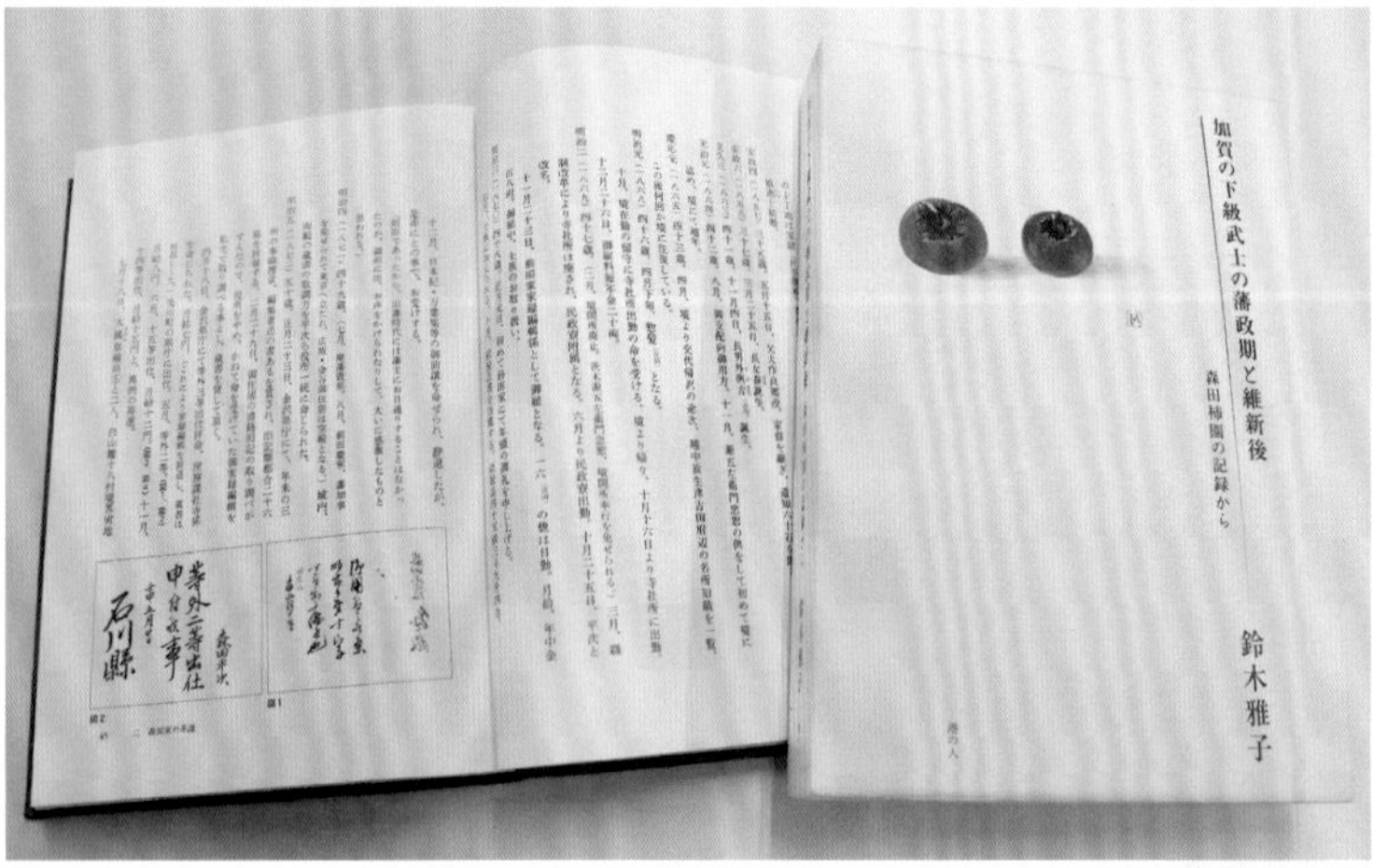

森田柿園のひ孫鈴木雅子さんの著書「加賀の下級武士の藩政期と維新後」

収めた。それは後世の郷土史家の有力な参考文献になっている。

白山と18カ村の帰属に力

その一方で柿園は、白山麓18カ村の所属論争解決のカギを握る「史実」を文献から示し、白山山頂と18カ村を石川県に帰属せしめた。また、明治初期の神仏分離令に伴う白山山頂の仏体下山で、廃仏毀釈《はいぶつきしゃく》を執行する県の立ち合い官を務めた。

ただ、廃仏毀釈では、かつて柿園は「神仏分離の過激な実行者」として悪者にまつり上げられた、と鈴木さんは残念がる。「そうではなかった」と反論する証拠を確認したわけではない。しかし、悪者論を主張した学者にも確たる証拠はないはず、として鈴木さんは少なくとも山頂の石仏などを破壊したとの記述は、山麓の仏教徒らの流言飛語を鵜呑《うの》みにしたものであろうと喝破《かっぱ》する。身内びいきではなく、どう考えても「ヒステリックに蛮行を行った」との指弾は当たらないと力説するのである。

鈴木さんは石川郷土史学会を２０２２年に退会した。寄る年波に自ら退くのを潔《いさぎよ》しとされたようだ。藏角利幸会長は先祖たる郷土史の先駆者を掘り下げたその軌跡を称え、柿園という点から始まった郷土史研究が面として発展し活動を続ける石川

金沢市内での石川郷土史学会の歴史散歩

文化土壌を耕す「後輩」70人

郷土史学会の末広がりの存続を願う。

２０２３年の会員は約70人。１９５２(昭和27)年に発足して以来、71年が過ぎた。戦前、和田文次郎らが大正から昭和初期にかけて率いた「加越能史談会」の流れを汲み、戦後できた郷土史懇談会を発展的に継いで産声を上げた。月例研究発表会はこの71年間に５１９回開催、57年に始まった「金沢歴史散歩、史蹟・街めぐり」はこれまでに98回実施し、68年に創刊した「石川郷土史学会々誌」は23年までに56号を刊行した。

ただ今はどうか。高齢化はいかんともし難い。とはいえ、じっくり課題に取り組む会員が少なくない、と藏角会長はみている。藩政期、豊かな文化土壌が築かれ、令和に至るもその伝統は揺るがない。言論と活動の両々相まった近未来へ若い人の加入を促し、偉大なる先達・森田柿園の志を継いでいきたいと望む。

森田 柿園の歩み

1823(文政6)年	金沢柿木畠で加賀藩下級武士の長男として生まれる
1837(天保8)年	人持組茨木氏に近習として仕える
1869(明治2)年	平次と改名、前田家家録編集係を命じられる
1871年	廃藩置県。金沢城内の蔵書取り調べ方に就任
1872年	白山麓18カ村は本来加賀国の帰属を証明
1873年	白山麓18カ村、石川県の管轄に
1874年	白山山頂の仏体下山に検査官として立ち会う
1885年	前田家から加越能三州の記録編纂を頼まれ拝受
1895年	前田家要請の著書「金沢古蹟志」など完成
1908年	老衰のため死去

3

日本の社会福祉の祖

小《お》野《の》太《た》三《さぶ》郎《ろう》

仁愛を説く陽風園創設者
「共助」の先駆けに

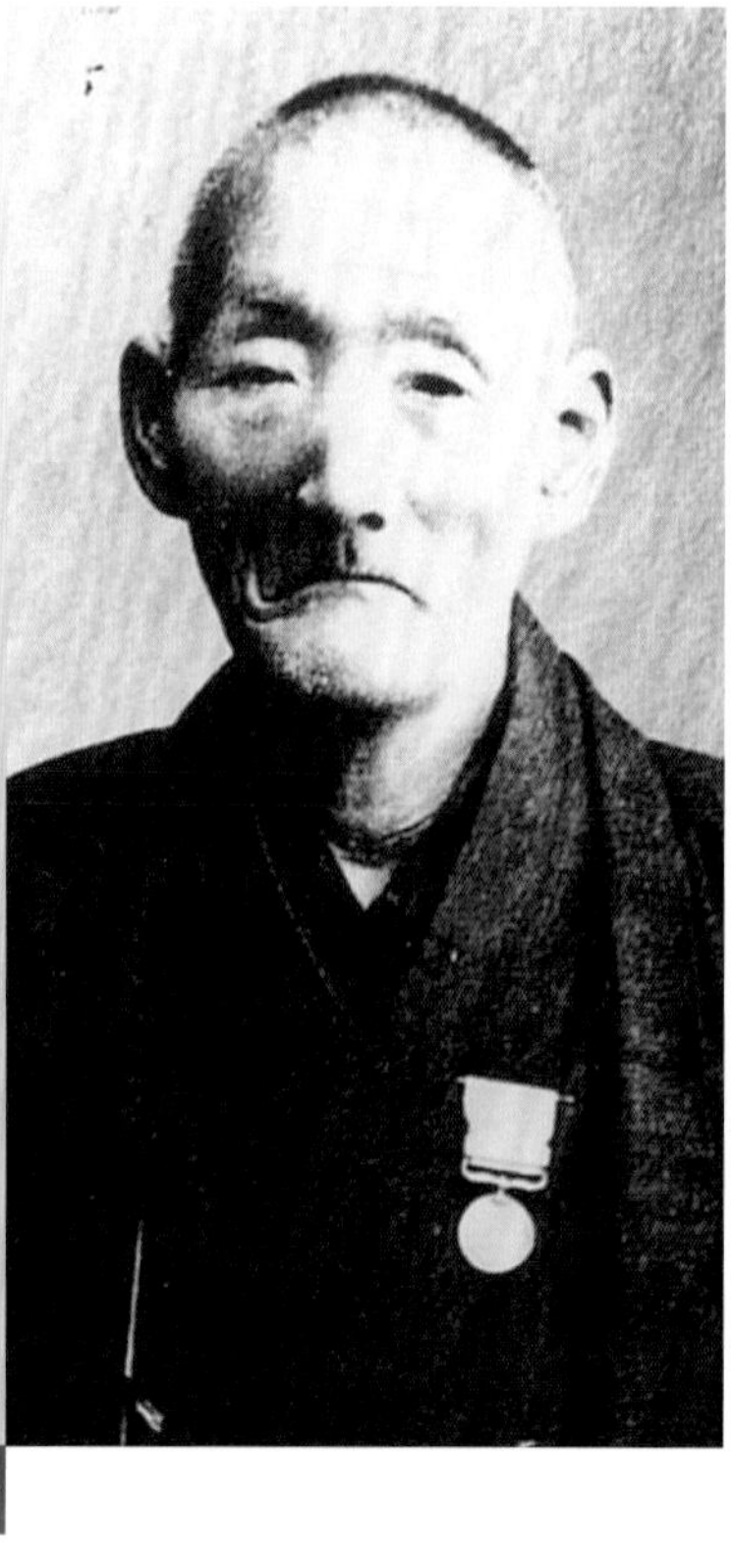

小野太三郎
(1840～1912)

個人による社会福祉事業の先駆者。加賀藩内で飢饉(ききん)が発生した際、自宅を開放して民衆を助けた。明治維新以降は家屋1棟を購入し、視覚障害者や生活困窮者、居宅救護者など多くの人々を受け入れ、「小野救養所」と呼ばれた。現在の陽風園の前身である。慈善活動は全国に知れ渡り、皇室の称賛も受けた。福祉の分野では初となる藍綬褒章を受章している。

2023(令和5)年5月、金沢市三口新町の社会福祉法人陽風園で、創立150周年記念式典が行われ、創設者で日本の社会福祉の祖とされる小野太三郎が一棟の家屋から「仁愛の精神」で広げた陽風園の発展を誓った。

陽風園は現在、養護老人ホーム、特別養護老人ホーム、救護施設、障害者支援施設、就労継続支援事業所、サービス付き高齢者向け住宅、診療所、認定こども園の運営など、幅広い社会福祉事業を展開している。

150周年事業として金沢市みずき4丁目に、みずきこども園分園「おひさまとかぜ」を開園した。また陽風園敷地内に「あけぼの作業所」を建て替え、同作業所には地域交流ス

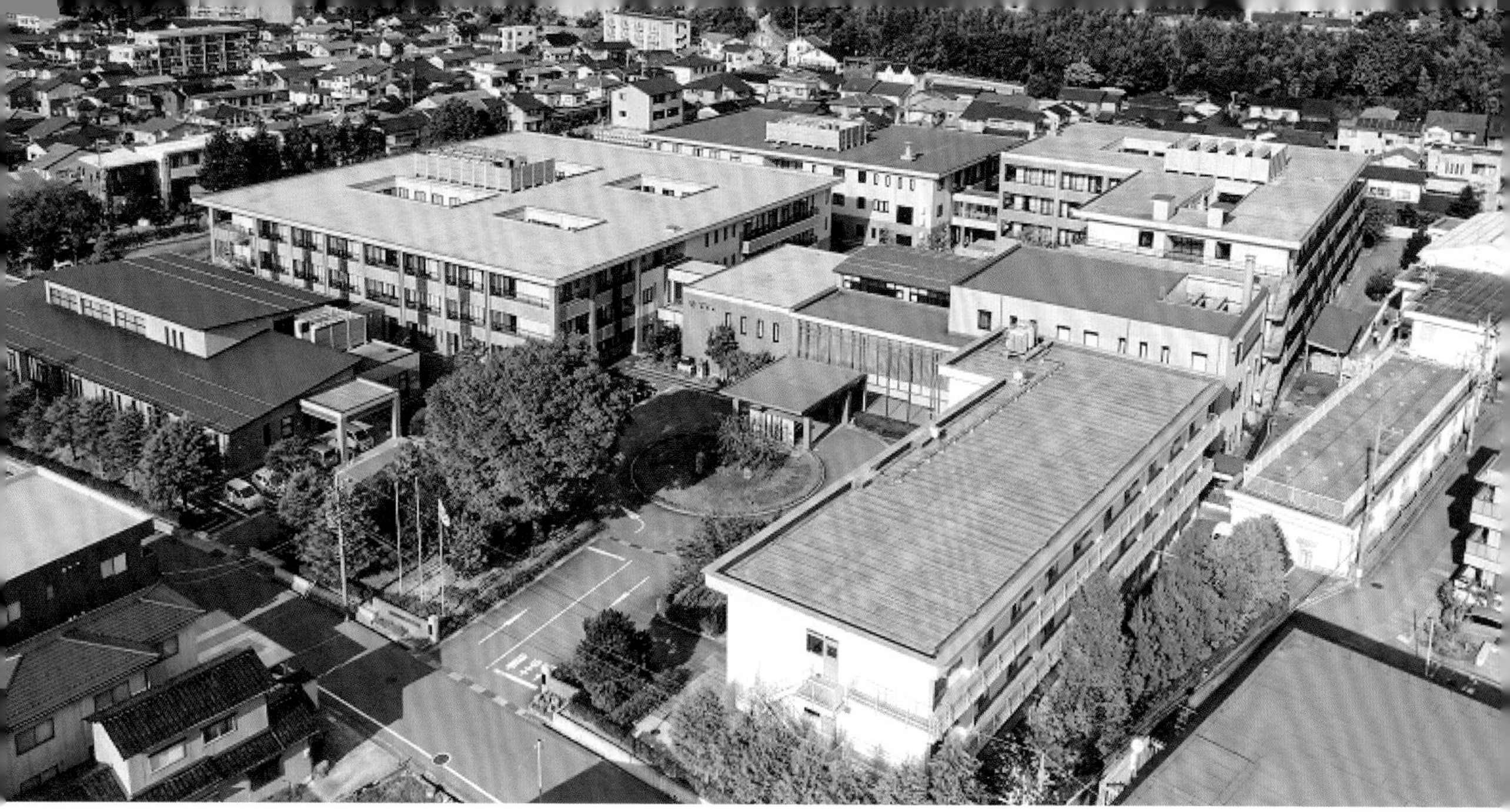

現在の陽風園の外観

ペース「あけぼのカフェ」を整備する計画である。

民間人が、困っている民間人を助ける。小野は今で言う「共助」の先駆けであった。桶川秀志15代目理事長は「歴史と伝統を大切に、これからも時代と社会の要請に的確に応え、地域福祉の推進に貢献したい」と抱負を語っている。

木ノ新保に「救養所」

150年前、1873（明治6）年の金沢は多くの人々が困窮にあえいでいた。明治維新により、武家への商売で生計を立てた職人や商人も仕事を失ったのである。前途をはかなみ、金沢城の堀に身投げをする者もいたという。

家具の販売や古着商などとして収入を得ていた小野は、木ノ新保に1棟の家屋を設けた。後に「小野救養所」と名付けられ、民間人による国内初の社会福祉施設であった。

陽風園の創立150周年記念式典で写真に収まるスタッフ＝2023年5月

加賀藩の福祉事業守り抜く

加賀藩では5代藩主の前田綱紀の頃から、困窮者や障害者向けの福祉事業を運営していた。小野も若い頃にこうした役人と親交を深め、ノウハウを学んだ。維新後、加賀藩の福祉事業が閉鎖されると、行き場を失った視覚障害者を「救養所」に受け入れたのである。途切れかけた加賀藩の福祉事業の命脈を個人で守り抜いた形である。

卯辰山ろくの常盤町に位置した小野慈善院

　前人未踏の世界をひらく小野は身分を問わず様々な人々を受け入れたためか人々から不思議な目で見られ、あらぬ誹《そし》りも受けた。共に救養所の設立・運営を助け合った妻センを病気で失ったが、それでも小野は入居者と同じ場所で同じものを食べ、粘り強く福祉事業を続けた。

　児童への教育にも力を注いだ。救養所の規則には、児童には読み書きと算盤《そろばん》を教え、成長とともに職業授産の指導を行うとした。救養所は「飢えと寒さを訴える者には衣食を与え」「病気の者には医薬を与え診療を施し」「老人は庇護《ひご》し」「幼児には教育を施して訓練し」「強健な者には職業を斡旋《あっせん》」という方針を掲げた。現在の社会福祉事業の礎《いしずえ》と言える幅広さである。

小野太三郎の歩み

1840(天保11)年	金沢の中堀川町（現・堀川町）で生まれる
1852(嘉永5)年	加賀藩卒方小者組となる
1864(元治元)年	藩内が凶作に見舞われる。貧しい人々を自宅に住まわせる
1873(明治6)年	木ノ新保（現・本町）に家屋1棟を購入。目の不自由な人々を住まわせ、世話をする
1879年	私費450円を投じ、市内に家屋6棟を購入。困窮している人々の受け入れと救養に努める
1885年	明治天皇から藍綬褒章を受ける
1905年	常盤町に「小野慈善院」が竣工
1906年	「財団法人小野慈善院」となり、初代院長になる
1912年	小野慈善院で死去

赤羽萬次郎と親交

　1895（明治28）年9月、北國新聞は小野の慈善事業を取り上げる全8回の連載記事を掲載した。北國新聞創刊者である赤羽萬次郎は小野と親交があり、社会福祉に強い関心を示していたのである。

三口新町の小野慈善院を訪れた昭和天皇＝1947年

やがて、救養所は個人が担える範囲を超える規模になる。県や市が救養所の維持に動きだした。卯辰山の常盤町に財団法人小野慈善院が設立され、官民協力で運営することになった。小野は初代院長として後妻のシゲと力を合わせ、亡くなるまで入居者を支援し生活を共にした。

「人ちう人は可愛くて」

小野は「人ちう人は其《その》善悪を問わず何《いず》れも可愛《かわい》くてなりません」という言葉を遺した。小野慈善院は昭和に入り三口新町に移転、終戦後には昭和天皇が訪れている。財団法人小野陽風園に改称され、1952（昭和27）年には社会福祉法人となった。69年に「陽風園」に改称されて現在に至る。

小野が抱いた「仁愛の精神」は創立から今も職員に受け継がれているという。陽風園の管理棟には小野と陽風園の歴史を紡ぐ「ギャラリーあゆみ」が設けられ、足跡を今に伝えている。

陽風園の歴史を紡ぐ「ギャラリーあゆみ」

4

明治の金沢に西洋知識広げる

大屋《おおや》 愷敬《よしあつ》

（1839～1901）

地理学、天文学、数学…

加賀藩下級武士の長男として現在の金沢市三社町に生まれた。幕末には洋学者として、明治維新後は教育分野で活躍した。金沢で最初にランプやこうもり傘を使い、初めてちょんまげを切った人物とも伝わる。西洋の知識を金沢に広げる役割を果たした。

若い頃に京都や長崎を巡り、地理学や天文学、数学、砲術など西洋の知識を身につけた。

活版印刷で英和辞典

明治になってからは県の教育係に就任した。各国の生活や産業を記した「万国名数記」、天文学を取り上げた「星学初歩」、加越能の人口や産業を数字で表した「金沢名数」などを相次いで出版し、学校の教科書として用いられた。1000ページに及ぶ英和辞典「広益英倭字典」は木版ではなく活版印刷を用いた金沢では最初の書籍となった。

1872（明治5）年には金沢最古とされる地球儀を自ら製作し、金沢市立玉川図書館近世史料館で保管されている。兼六園の一角、金城霊沢横には2頭のイノシシが球を背負う高さ3・5メートルの「大屋愷敬翁之碑」が遺《のこ》されている。

5

県内外の女子教育に尽力

小川《おがわ》 直子《なおこ》

（1840～1919）

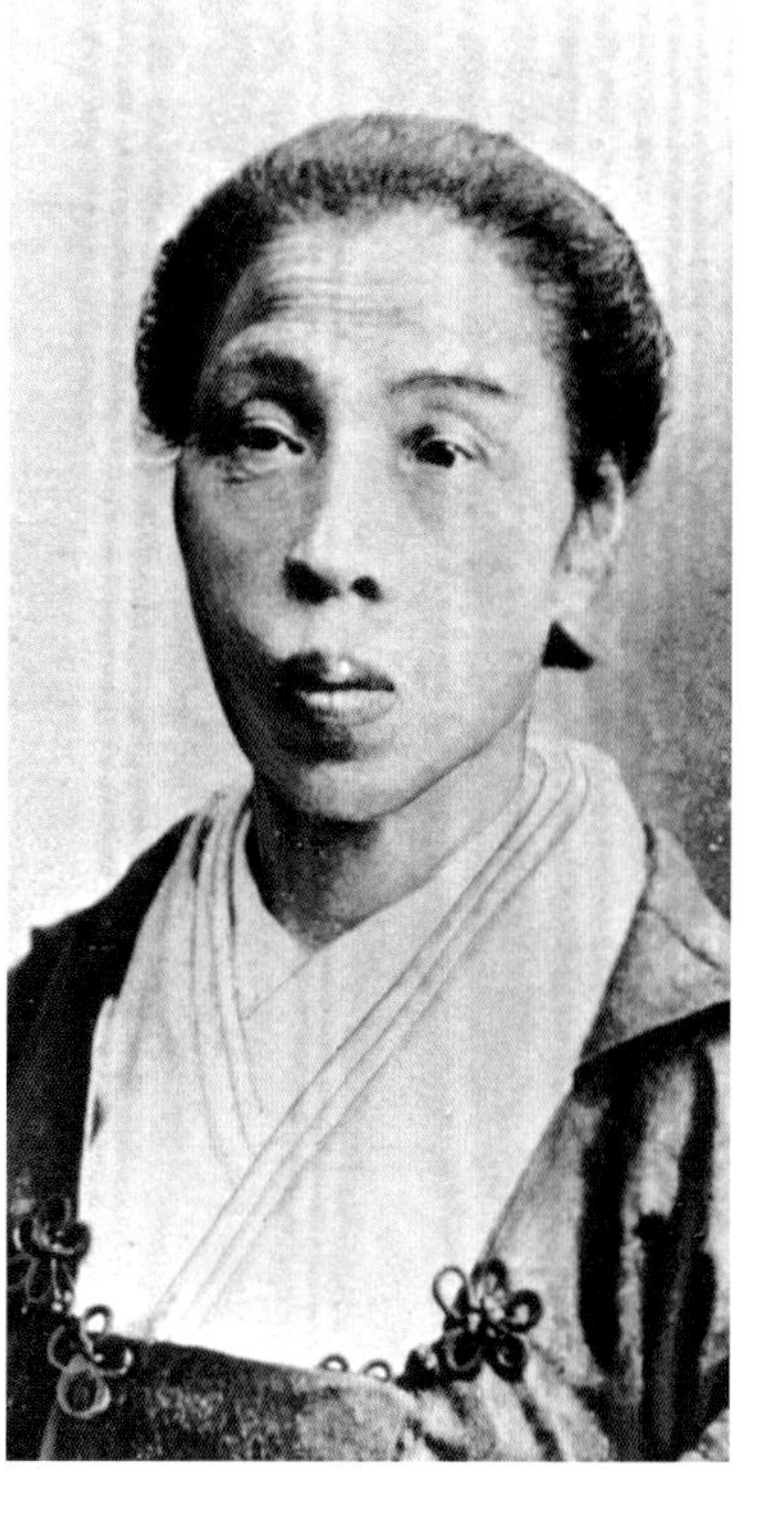

内親王の養育係を務める

結婚翌年、夫は処刑

加賀藩士・川嶋家の三女として現在の金沢市石引で生まれた。23歳の時、勤王派として活躍した鶴来（現・白山市）の医師の息子、小川幸三と結婚するが翌年、夫は処刑される。勤王派の志士として禁門の変で京から撤退した14代加賀藩主、前田慶寧に意見具申をしたため、弾圧されたのである。

自身も後を追おうとしたが、家族の説得で思いとどまり、夫の遺志を継ぎ学問に励み明治維新後、金沢女学校の教師となった。

1875（明治8）年に設立された石川県女子師範学校で教授を務め、77年からは青森県女子師範学校の教頭として女子教育に尽力した。

幼い頃から文学や和歌に親しんでおり、豊かな教養と知識を自らたのむところとした。内務大臣を務めた品川弥二郎の推薦で1893（明治26）年から明治天皇の皇女である常宮《つねのみや》昌子内親王、周宮《かねのみや》房子内親王の御用掛（養育係）となった。10年間に及んだ内親王への講義内容は後に「高輪《たかなわ》御殿進話録」として出版され、戦前において多くの教科書にも掲載された。

6

西洋数学の普及と人材育成に励んだ

関口《せぐち》 開《ひらき》

（1842～1884）

独学で洋算をマスター
文明開化の原動力に

数学会でパネル展示

日本数学会が2019（令和元）年、金沢で開いた秋季総合分科会。市民向け講演会の会場に、数学者、関口開の足跡を紹介するパネルが展示された。西洋数学が日本にもたらされた明治維新直後、関口は普及と担い手の育成に大きな役割を果たしたのである。

明治中期まで「加賀は数学者の宝庫」ともてはやされた。帝国大学（現・東京大学）への地域別の進学率は、石川県が東京に次ぐ2番手だった。中でも数学科は6割以上が石川県出身者が占めていた実情がある。少なからぬ学生が、和洋の数学に通じた関口の薫陶を受けていたのである。

関口は金沢市泉に生まれ、もともとは加賀藩算用方であった。藩の軍艦所で洋算（西洋数学）に触れた。日本語の教科書も、師匠となるべき人もいない。関口は洋書を辞書と数学知識を頼りに翻訳するという独学でマスターした。1869（明治2）年には藩の洋算教授に就任するなど県

円柱や円錐を組み合わせたデザインの「関口先生記念標」＝金沢市の尾山神社

内随一の数学者となった。

維新後は数学教師として西洋数学の普及と人材育成に励んだ。その傍ら洋書を翻訳し、「数学稽古本」「数学問題集」など21冊の数学書を刊行。特に「数学問題集」は小学校の教科書として利用され、改訂版の「新撰数学」は22万部という全国的ベストセラーとなった。

関口が監修し１８８３(明治16)年に編まれた洋算の模範解答集が残る。タイトルは「算顆新編《さんかしんぺん》」。金沢から東京まで歩き通す想定で速度を変えるとどれだけ時間が掛かるかを問う設問に対して、比例方程式を使った解法を示す。体積や利息計算式なども盛り込まれた。

明治政府の数学についての教育政策は揺れ動いた。１８７２(明治５)年に一度、「洋算」の採用を決めたが、翌年は「和算も認める」と変更され、全面的に洋算を取り入れるとしたのは、１９００年になってからであった。関口によって、石川はいち早く数学先進県になることができた。

分野問わず薫陶受ける

関口から直接指導を受けた偉人は多い。本書で取り上げただけでも井口在屋、北條時敬、三宅雪嶺、中橋徳五郎、田中鉄吉《おのきち》、藤井健次郎ら分野を問わない。

ほかにも第三高等学校長を務めた森外三郎、木村栄と西田幾多郎を塾で指導した上山小三郎がおり、彼らの弟子を含めると明治生まれの偉人の大半が関口の薫陶を受けたと言っても過言ではない。

数学が科学を支え、科学が文明開化を広げたことを考えれば、関口の足跡の大きさが伝わってくる。

7

東本願寺の近代化に尽力

石川《いしかわ》 舜台《しゅんたい》

（1842〜1931）

寺（宗）務総長を3度務める 欧州に学び東アジアで布教

幕末の1842（天保13）年、金沢の土取場《つちとりば》永町《ながまち》（現・石引1丁目、宝町）の浄土真宗永順寺《ようじゅんじ》に生まれた。20歳で京都・東本願寺の僧侶教育機関「高倉学寮」に学ぶ。24歳で帰郷し、1869（明治2）年、私塾「慎《しん》憲《けん》塾《じゅく》」を開いた。青春期、一途な思いから真宗の教えを子弟たちに教えようと努めたのである。

転機は1872（明治5）年に訪れる。後に法主となる大谷光瑩《こうえい》師の欧州視察の旅に、松任の僧侶松本白華《はっか》らと随行してドイツやイギリスの宗教事情を目の当たりにし、教団近代化のため見聞を広めた。東アジアでは朝鮮、支那（中国）で布教に努め、各地に布教所、学堂を開設した。

廃仏毀釈の転換期す

本山では改正掛として教団の組織・学制の近代化を進めた。また、政府の廃仏毀釈《はいぶつきしゃく》政策の転換を期し、西本願寺の島地黙雷《しまぢもくらい》らと組んだが、志とは裏腹に京都や奈良で仏寺仏像破却の嵐が吹きすさんだ。1878（明治11）年、寺務総長（現・宗務総長）と

永順寺に残る舜台の書軸一対

石川舜台のひ孫が住職を務める
現在の永順寺＝金沢市菊川1丁目

道林寺支坊にたつ舜台の銅像
と顕彰碑＝金沢市長町1丁目

なったが失脚。97（明治30）年、本山の保守派のライバル僧、渥美契縁《あつみかいえん》退陣の後を受け、上席参務となり再び宗政を握るなど、変革期の東本願寺改革に寺務総長を3度務めて尽力した。

とはいえ、本山の財政破綻《はたん》の責任を負わされ失脚のあげく、僧籍剥奪という宗門最高処罰に遭うこと3回、曲折に富む宗教人人生を送った。

一方で、東西の仏典を読破し、「政教小議」など多数の著述も世に問う。仏典から引いた字句を揮毫《きごう》した書軸も数知れない。その多くがふるさと金沢に残っている。

書軸多数、銅像残る

永順寺（真宗大谷派）は後に小立野台地から現在の菊川1丁目の大桑山徳善寺を合併し、受け継いだ鐘楼門が残る。舜台のひ孫に当たる石川現舜《げんしゅん》住職は「舜台は若くして自坊を出て京に上り、人生の大半を本山で過ごした。だからここには、ほとんど名残などないです」と苦笑する。わずかに書軸や仏画の添え書きを3点保管しているという。

京都生活から身を引いて帰郷した舜台は、現在の長町1丁目の浄土真宗東本願寺派道林寺支坊で余生を送った。境内の一角に、翁の銅像と偉業を称えた銘板が今ひっそり残る。

8

近代水産業の父

関沢《せきざわ》 明清《あけきよ》

（1843〜1897）

サケ、マス人工ふ化を導入 マッコウクジラを初捕獲

2023（令和5）年10月、近畿大学はニホンウナギの「完全養殖」に成功したと発表した。人工授精でふ化した魚を成熟させ、次世代を誕生させることを完全養殖という。世界的な気候変動が進む中、安定した資源を確保するため、日本における水産技術の革新はますます重要になってきた。

サケ、マスの人工ふ化に日本で最初に取り組んだのが関沢明清だった。缶詰製法、西洋の漁具漁法の導入に心血を注いだ。近代水産業の父と評されている。

きっかけは万博

関沢は現在の金沢市味噌蔵町で加賀藩士の次男として生まれた。藩の軍艦「発機丸《はっきまる》」の操舵を任され、軍艦運用方棟取役《とうどりやく》を務めた。加賀藩による初の海外留学生に選ばれ、渡英によって見聞を広げた。

明治維新後は政府に仕官し、渡英経験を買われて1873（明治6）年のウィーン万国博覧会へと派遣された。万博観覧中、欧州では海産物が

1970年に建立された「関沢明清先生顕彰碑」＝石川県立能登高等学校

主要な輸出品目となっており各国に多大な利益をもたらしていることを知り、水産業の振興を志す。

１８７６（明治9）年の米国フィラデルフィア万博にも参加。魚の人工ふ化や缶詰製造など近代水産技術を実地調査して、ノウハウを学んだ。帰国後、内務卿であった大久保利通を説得し、内務省勧業寮《かんぎょうりょう》に水産掛が新設されると、国家事業として水産業の近代化に着手した。

人工ふ化させたサケやマスの稚魚を川に放流し、増殖・移植を目指した。石川県内では犀川や手取川でサケの放流を行っている。試行錯誤を繰り返しながら全国へ拡大し、他の魚の養殖にも波及した。

このほか、魚の缶詰製造を成功させ、イワシの不漁に悩まされていた千葉県では米国式の巾着《きんちゃく》網を伝授して漁獲量向上に貢献した。この網はその後、全国に広がり沿岸漁業の効率化を果たした。

関沢は水産伝習所（現・東京海洋大）の初代所長や東京農林学校の水産専修科教授を務め、後進育成に当たった。

捕鯨銃を改良

明治初期、日本近海では他国船が往来して捕鯨をしていた。

関沢は官を辞して捕鯨銃の改良に取り組み、１８９３（明治26）年には岩手県沖合に出漁、改良した捕鯨銃で国内初のマッコウクジラ2頭の捕獲に成功した。日本近海資源を日本のものにする端緒となった。マグロ漁からの帰途、船上で心臓発作で亡くなった。

サケ、マス、イワシ、クジラと関沢が取り組んだ水産振興策は死後に芽吹き、日本の水産業の基礎となっている。

9

金沢の殖産興業に貢献

長《は》谷《せ》川《がわ》準《じゅん》也《や》

（1843～1907）

尾山神社の建立に尽力

加賀藩士、長谷川与一の長男として現在の金沢市柿木畠で生まれた。明治維新後に没落した士族を救うため大規模な工場を整備し、殖産興業に尽力した。

1873（明治6）年に創建された尾山神社は、加賀藩祖前田利家をまつった。士族の精神的な支柱とするために長谷川が前田土佐守家当主の前田直信らと造営を計画した。75年に完成した神門は、和漢洋を組み合わせた斬新なデザインで大工の津田吉之助に依頼した。

製糸場、撚糸、銅器

長谷川は実業家として手腕を振るった。金沢製糸場、金沢撚糸会社、金沢銅器会社を次々と開き、廃藩によって失業した士族の救済を図った。

とりわけ74（明治7）年に現在の長町に開設した金沢製糸場は、72年に操業を始めた富岡製糸場（現・群馬県富岡市）に津田らを派遣して築かせた国内で2番目の製糸場であった。

長谷川はその後、2代金沢市長となり、水力発電所建設計画を推進する。この事業は頓挫し、最終的に民間主導で進められることになったが、金沢の文明開化に大きく貢献している。

10

県立工業高校の礎を築いた

納《のう》富《とみ》介《かい》次《じ》郎《ろう》

伝統工芸の裾野を広げて 人間国宝など多数の逸材

納富介次郎
（1844〜1918）

金沢区工業学校（現・石川県立工業高等学校）の創立に尽くし、初代校長になった。在任期間は3年7カ月と短かったが、東京美術学校からも実力のある教員を招き、草創期の県工の基盤づくりに寄与した。その後、高岡工業学校、香川県工芸学校の初代校長を務め、佐賀県工業学校2代校長の時、有田分校を独立させ、有田工業学校とした。

石川県立工業高等学校（県工）は2023（令和5）年、創立136年を迎えた。「金沢区工業学校」の名で産声をあげた1887（明治20）年、初代校長に就任したのが、佐賀県出身の納富介次郎である。校長としての在任期間は4年にも満たないが、「貢献の重さは計り知れない」と語るのが、OBで1985（昭和60）年から2023年まで県工の実習教諭を務めた濱岸勝義さん（68）である。

濱岸さんは、教諭を務めながら、尊敬する納富のことを調べ上げ、パソコン文書として残してきた。県工創立百年のときに「県工百年史」が発刊されたが、分厚な本のページを手繰ってもどこにも出てこないエピソードをいくつも確認したという。納富のふるさと佐賀に、何度も足を運んだ現地調査が発見につながった。

発見の具体例を二つ挙げよう。

納富の書軸などお歴々の逸品が並んだ「ギャラリー雪章」＝県工

全国初の工業学校として開校した当時は、教員や設備の充実はいまだしの感があった。欧米視察で日本における本格的な工業学校の開設を痛感した納富は、国内第1号の初代校長を任されたのは良いものの、運営資金が全く足りないと思い知らされた。

情熱の訴え、文相動かす

着任早々、金沢にできる第四高等中学校の開校式に森有礼《ありのり》初代文相が来ることを知った納富は、森文相の宿所に使いを差し向け、県工の当初計画と予算および現状を説明させた。後日、森文相と県知事との対談の際、同席した納富の情熱的な訴えが文相を動かし、2年後に県工の運営資金を県費でまかなうことが決まったのである。事前の説明が功を奏したのは言うまでもない。

もう一つ。県工は開校時、「金沢区工業学校」と称し、兼六公園(現・兼六園)の一角に、男女共学で始まった。封建制下では男尊女卑の風潮が支配的で、加賀も佐賀もその傾向が強かったため、かなり好奇の目で見られたのは否めない。しかし、納富は共学にこだわった。その理由を、濱岸さんは富士山信仰の教主だった納富の父が、少年期から「四民同等男女平等」と教えていたのが強く影

納富介次郎の歩み

1844(天保15)年	現在の佐賀県で柴田花守、フチの次男として出生
1859(安政6)年	16歳の時、佐賀藩士納富六郎左衛門の養嗣子に
1862(文久2)年	佐賀藩主鍋島直正に認められ、上海へ
1873(明治6)年	ウィーン万博に参加するため渡欧
1882年	石川県から陶器、銅器、漆器の改善委託され来県
1886年	再び石川県の依頼受け工芸の巡回指導に就く
1887年	金沢区工業学校、男女共学で開校、初代校長に
1889年	校名を「石川県立工業学校」と改称
1896年	実業教育費国庫補助法の請願が実る
1918(大正7)年	肺結核で死去

響したのであろうと見る。

　つまり、日本で初めて男女共学の工業学校の基盤を築き、離陸させたのが納富なのである。納富はドイツ人化学者のワグネルに啓発され、「本格的な技術者の養成機関」を目指して草創期、諏訪《すわ》蘇山《そざん》、友田安清らの実力ある教員を集めた。「学校は人なり」を実践し、県工を去った後にも納富は、富山に高岡工芸高校、四国・香川に高松工芸高校、そしてふるさと佐賀に有田工業高校と、いずれも県立の工業高校を創立した。

校庭に建立された創立者納富介次郎の顕彰碑＝県工

県工の外観＝金沢市本多町2丁目

光放つ「ギャラリー雪章」

　県工校舎の一角に創立以来、文化勲章受章者や芸術院会員、人間国宝など名を成したOBの作品と納富の書軸などを一堂に並べた「ギャラリー雪章」があり、松田権六らお歴々の逸品が光を放つ。

　重鎮たちが母校を語る時、よく口をついて出るのが「納富先生」であった。確かに創立者の納富なくして今日の県工は語れない。「学理を講究してこれを応用する技術者を教育する工業学校を目指す」との「納富精神」は今なおお生きているのである。

11

国産マッチの創始者

清《し》水《みず》 誠《まこと》

（1845～1899）

新時代の「火」をおこし日本を輸出大国に

火打ち石などの摩擦による着火に革命をもたらしたマッチは、近代を代表する発明品と言える。明治時代、高級輸入品だったマッチを一般家庭にまで普及させ、一大輸出国へ発展させたのが国産マッチの創始者の清水誠である。

フランスに留学

現在の金沢市東山に生まれ、加賀藩から高峰譲吉らとともに長崎留学生に選抜される。維新後、横須賀でF・L・ヴェルニーから機械工学を学んだ。ヴェルニーの勧めで造船技術を学ぶためフランスへ留学し、パリ工芸大学では首席を占めた。帰国後は国際天文観測事業に参加し、金星の太陽面通過の写真撮影に成功した。

多分野で才能を発揮した清水が生涯取り組んだのが、国産マッチの製造であった。

明治初期の日本は海外製品があふれ、輸入超過に陥っていた。清水は内務官僚からマッチの製造を勧められ、研究に着手する。帰国後、製造

清水誠が興した新燧社のマッチラベル（左・中央）

工場を建設して試作品を販売したところ、好評を博したためマッチ製造に本腰を入れる。

　1876(明治9)年、「新しい燧《ひうち》石《いし》」と新時代の火をおこす決意を示す「新燧社《しんすいしゃ》」を設立し、日本初の国産マッチ製造工場の創業者となる。人々の生活に欠かせないマッチの国産化は大久保利通や大隈重信といった政府首脳からも高く評価された。

　清水の挑戦はこれにとどまらない。当時世界で普及していた黄燐《おうりん》マッチは自然発火の危険性があるばかりか、煙には毒性が含まれていた。

　現在最も一般的なマッチである「安全マッチ」が欧州で普及していることを知った清水は、製造元であるスウェーデンのヨンコピング社へ工場視察を願い出た。

　視察に許されたのはわずか1時間足らず。企業秘密の流出を恐れたためか、立ち止まることさえ許されぬ駆け足の視察だったが、清水はその場で製造要点を吸収し、帰国後に安全マッチ生産を始めた。

新規参入に惜しみなく

清水は新規参入を志す者へマッチ製造法や原料の調達などノウハウを惜しみなく伝授した。一方で会社の乱立に伴う粗雑品の増加と価格下落が問題となり、新燧社も1888(明治21)年に破産してしまう。それでもマッチを製造する機械を発明するなど苦心を続け、大阪に新会社設立を目指したが、志半ばで病没する。

　人生の大半をマッチ製造に情熱を燃やし、利害を超えて普及に尽くした清水の姿勢が功を奏して、日本をマッチ輸出大国へと押し上げたのである。

12

「北陸の鉱山王」と呼ばれた

横山《よこやま》 隆興《たかおき》

加賀八家から大事業家に
小松尾小屋鉱山から出発

加賀藩で「加賀八家《はっか》」と呼ばれた重臣の横山氏。その流れをくむ横山隆興が明治期、小松の山間部・尾小《おご》屋《や》で経営したのが尾小屋鉱山である。

隆興のひ孫に当たるのが石川郷土史学会副会長の横山方子さん。２０２３（令和５）年９月、石川県歴史文化会議の23年度第１回視察セミナーの講師として、久しぶりに鉱山跡に立った。セミナーのタイトルは「加賀藩重臣　横山家ゆかりの旅」。

午前中、金沢市広坂の旧横山家邸宅である城南荘、続いて加賀市山中温泉にある県指定文化財の横山家書院屋敷「無限庵」を訪ね、尾小屋はこの日の最終訪問地となった。

横山さんは、鉱山跡の一角にある石川県立尾小屋鉱山資料館で23年前

横山 隆興
(1848~1916)

加賀藩重臣「加賀八家」横山家第11代当主隆章の三男として現在の金沢市横山町に生まれる。明治を迎え、小松の尾小屋鉱山経営に乗り出し、成功。「北陸の鉱山王」と呼ばれる。横山鉱業部代表。加州銀行頭取や金沢電気瓦斯取締役など務め金沢商工会議所特別議員。

盛んな頃の尾小屋鉱山（小松市提供）

本家とも共同出資

半に横山家本家16代横山隆昭さんが寄贈した約300点の資料に見入り、隆興の鉱山事業には本家の支援がいかに大きかったかを再認識した。

尾小屋鉱山は、古くは加賀藩政期の1682（天和2）年に採掘された

尾小屋鉱山の鉱道跡

記録があり、銅鉱石などが採れるヤマとして知られてきた。

隆興は横山家本家の12代隆貴《たかおき》の弟で、別家《べっけ》を起こし初代を名乗った。隆興32歳のある日、小松・尾小屋村の村民が訪ねてきて「鉱山を再興したい。お金を貸してほしい」と懇請した。それなりの資産を本家11代隆章から相続していた隆興は、国策としての殖産興業が叫ばれる中、先祖の遺産を元手に事業を起こせないかと画策。鉱山開発が「北陸における新産業の柱になり得る」と考えた。

大鉱脈掘り当てる

本家13代隆平の多大な援助も得て金員を用意し、貸し付けたのである。もっとも、当初はお目当ての銅鉱石採掘はほとんどお寒い状況だった。

県立尾小屋鉄道資料館でセミナーの講師を務める横山方子さん＝小松市尾小屋町

しかし、隆興はあきらめず、30代にして、隆平とともに尾小屋鉱山の共同出資者となり、鉱長となって自らも現場で指揮し、事業を推進。銅山特有の鉱毒問題などにも経費を惜しまず真剣に取り組んだ。

「必ず大きな鉱脈にぶつかる」と信じて掘り続けたところ、8年目にして念願がかなった。

1886（明治19）年、ついに銅の大鉱脈を掘り当てたのである。

これを機に、明治20～30年代、鉱脈の新発見も重なり、隆興の鉱山経営は順風満帆となる。金沢の大手町には「横山鉱業部」の立派な社屋が建てられ、隆興は金沢でも有数の経済人に駆けのぼった。尾小屋にとどまらず県内周辺の鉱山、さらには岐

横山 隆興の歩み

1848(嘉永元)年	現在の金沢市横山町で加賀藩年寄横山隆章三男として生まれる
1869(明治2)年	横山家本家から分かれ別家をおこす
1879年	小松の尾小屋鉱山の開発に出資
1880年	尾小屋鉱山「試掘願」「巌石破砕願」出す
1882年	尾小屋鉱山の販売会社「円三堂」設立
1886年	尾小屋で銅の大鉱脈発見
1887年	隆興の四男、登が誕生
1891年	尾小屋鉱山に新選鉱機「クラッシャー」など導入
1896年	尾小屋が大洪水に見舞われ犠牲者も十数名にのぼる
1897年	尾小屋が大火に見舞われる
1904年	金沢市大手町に「横山鉱業部」創設
1912(大正元)年	金沢電気瓦斯会社から給電受ける
1916年	病気により死去

阜県、山形県、秋田県などにも事業拡大して、「北陸の鉱山王」と称されたばかりか、国内指折りの鉱山事業者として脚光を浴びた。

横山商会の新社屋＝白山市横江町

一方で隆興と隆平は莫大な利益を世のため郷土のために還元する。東京の国学院大学創設へ援助し、ふるさとの学生たちが東京で学びやすいようにと、明倫学館寮を創設した。

一代にして築かれた「鉱山王国」も１９１６（大正５）年の隆興の死をもって次第に衰退、ほぼ大正時代いっぱい存続したが、１９３１（昭和６）年、横山一族は手を退《ひ》いた。

自由に自席を選べる新社屋の大部屋＝横山商会

息子が横山商会を創業

鉱山経営に代わり、隆興の四男登《すすみ》が創業したのが商社「横山商会」である。今、横山信太郎氏が４代目社長を務める。２０２１（令和３）年、創業１００年を迎え、未来志向の新社屋を白山市横江町に建設した。日立特約店であることはもとより、自社で商品を開発、設計、製造、販売する「ものづくり商社」を目指す。

「横山ブランド」を志向する新天地の大部屋は、毎日、自由に自席を選べる仕組みである。柔軟な発想を大事にする社風がみなぎる。

信太郎社長は隆興の起業精神をしっかり受け継ぎ、ＳＤＧｓ（持続可能な開発目標）を掲げ、分野ごとに着実に達成しようとしている。

13

明治を代表する書家

北方《きたがた》 心泉《しんせん》

（1850〜1905）

中国に渡り、書風を確立
篆《てん》草《そう》合体、自由奔放に

室町の物語から幾多郎まで

金沢市小将町の真宗大谷派常《じょう》福《ふく》寺《じ》には「心泉記念館」という一室がある。同寺14世住職である北方心泉の書を集めている。心泉は明治を代表する書家だった。

2002(平成14)年には寺が所蔵する歴史資料1611点が「常福寺北方心泉関係資料」として金沢市有形文化財に指定された。多くは北方の遺墨と収集品である。室町時代中期の物語「福《ふく》富《とみ》草《ぞう》紙《し》」写本に始まり、明治を中心として、昭和の西田幾多郎、暁《あけ》烏《がらす》敏《はや》などの筆跡資料にまで及んでいる。

北方心泉の本名は蒙《きざし》。心泉の号以外にも、月荘、小雨、雲迸、文字禅室主人、聴松閣主人などの号を残している。

1877(明治10)年、東本願寺の布教事務掛として、清の上海に赴いた。現地で浄土真宗の布教をするためだった。北方は石碑や拓本に接し、胡《こ》鉄《てつ》梅《ばい》ら現地の文人たちと直接交流する機会を得た。後に南京に「金《きん》陵東文学堂《りょうとうぶんがくどう》」を創設し、学長に就き、当時の日中交流にも尽くしている。

交流の中で、中国の南北朝時代、北魏《ほくぎ》を中心に彫られた力強い碑文の

真宗大谷派常福寺の「心泉記念館」＝金沢市小将町

書体「北碑《ほくひ》」の書風を自身の書に取り入れた。同時に、より古い書体である篆書《てんしょ》や隷書《れいしょ》を行書や草書のように自由自在に書くことにも習熟し、「篆草《てんそう》合体の自由奔放」と、見るものを圧倒する自身の書を確立した。

北方はその筆をもって漢詩も作っ

北方が揮毫した「転法輪」

た。「我が国の書家はただ筆翰《ひっかん》の美を以て称せられるだけの一技の士である。それ故、私は書僧を以て称せらるを好まぬ。むしろ詩僧を以て称せられたい」と述べている。

その時々の心、情感を詠ったものが詩であり、書法を通して情感を発露させたものが書である、とした。北方は書風よりも詩風を評価されたいとの自負を持っていた。

詩稿には「心泉堂詩稿」など6編があり、漢詩は約４００篇《へん》に上る。

晩年は左手で書く

晩年は、脳出血によって右手が不自由になったが、左手で書き続けた。「心泉の左書き」と呼ばれるもので、雅味を含んだ秀作として評価されている。

酒をこよなく愛し、飲むと何にでも字を書いたという。

14

耕地整理の父

六代目 髙《たか》多《た》久《きゅう》兵《べ》衛《え》

水田の区切りを直線に 農村の風景変えた先駆者

髙多久兵衛
(1851〜1907)

現在の金沢市上安原町に生まれる。上安原の大地主・髙多家の当主として六代目久兵衛を襲名した。明治の耕地整理では、全国に先駆けて地元・上安原で実行し、以降全国の耕地整理を指導した。凶作の際は村人に食料を無償提供し、農村の教育にも力を注いだ。

世界農業遺産となっている輪島市の名勝地・白米《しろよね》千枚田。大小さまざまな田んぼが連なる景観は「日本の原風景」として人気が高い。四角い水田が当たり前となった現代では珍しくなったが、明治には千枚田のような小さな水田が平野部でもよく見られた。千枚田同様、大きな労力を要した。上安原の髙《たか》多《た》久《きゅう》兵《べ》衛《え》は、耕作地が小さく、水利や農業効率も悪かった田地を整理し、新たな「日本の風景」を生み出した。耕地整理の父とされる。

業績を語り継ぐ

ひ孫に当たる髙多泰江さんは2022(令和4)年、曾祖父の資料77点を金沢ふるさと偉人館に寄贈した。

金沢ふるさと偉人館に寄贈した曾祖父の髙多久兵衛に関する資料について語る泰江さん（右）　＝2023年1月、金沢市役所

23年から館内で常設展示をしている。泰江さんは長年地元の安原小の児童に久兵衛の業績を語り継いできた。

田区改正が行われる前と後の地図が記された二つの掛け軸を含む。境界が曲線で曖昧《あいまい》だった土地が、水路の整備などによって直線で区切られ、水田の形の変化が一目で分かる。国や大阪府から受け取った田区改正実施に関する委嘱状や、耕地整理が完了した人からの感謝状も寄贈資料が含まれる。寄贈に当たり泰江さんは「他の偉大な人たちと並ぶことがうれしい。区画整理に貢献した人物がいたことを多くの人に知ってほしい」と語っている。

丘に水田が散在

久兵衛が目指した事業は生半可なものではなかった。

そもそも明治初期の上安原村は、起伏の激しい丘のような土地に、不規則な形状の小さな水田が散在していた。村の西側を流れる安原川の水を引く用水は不規則に入り組み、「我田引水」の水争いの要因となっていた。こうした農村は全国各地で見られた。

明治政府は地租の税収と農業生産の向上を目指し、耕地整理の推奨を始めた。石川県内でも各農村へ実施を要望したが、賛同者はいなかった。リーダーを探す中で選ばれたのが、久兵衛だった。

金沢ふるさと偉人館の髙多久兵衛の常設展示

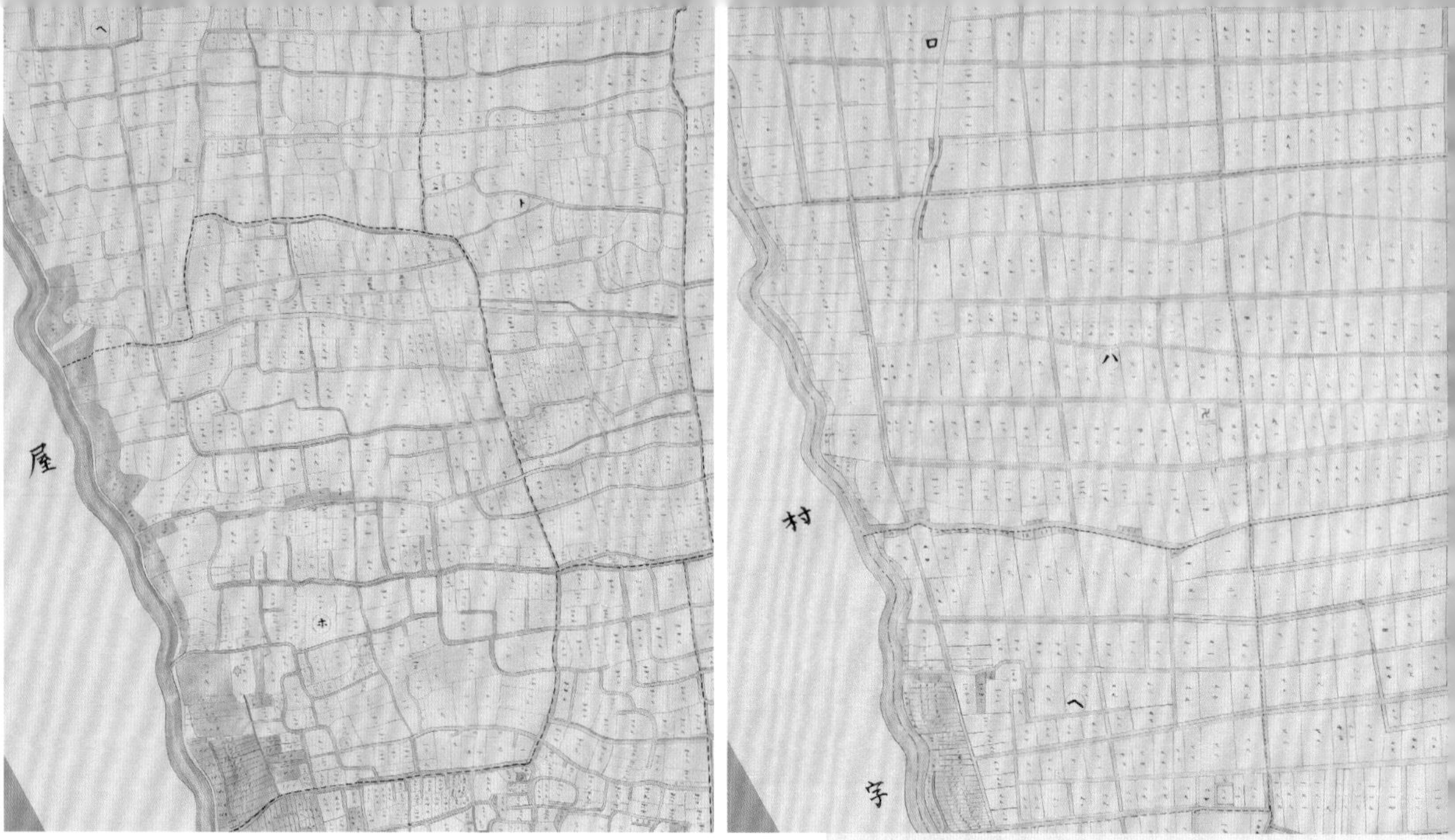

田区改正が行われる前(左)と後(右)の地図が記された二つの掛け軸

代々の地主であり、行政からの支援を得ながら耕地整理に当たることになったものの、当初は経済的先行き不安から反対意見も多かった。

久兵衛は村民たちに▽耕地整理で増えた土地は分配する▽工事費用は高多家で立て替える▽工事で減収した場合はその分を支払うと約束。一切の責任を負う姿を示し、説得に当たった。

一部の反対派による妨害工作に遭いながらも1888(明治21)年、上安原の耕地整理は3カ月で完成を見た。この事業を皮切りに、耕地整理は全国に広がったのである。

久兵衛は水争いの解消を目指し、計画的な用水整理にも取り組んだ。水田の間に用水路を通し、川上に給水口、川下に排水口を造ることで、均等に水が各田に供給・排出されていくようにした。耕地整理以前に、

六代目 高多久兵衛の歩み

1851(嘉永4)年	四代目高多久兵衛の長男として現在の金沢市上安原町に生まれる
1857(安政4)年	父死去、継父に育てられる
1871(明治4)年	六代目高多久兵衛を襲名する
1873年	自宅を上安原小学校として開放する。18年間、育英奨学金を出す
1879年	凶作。村民に100日間かゆを提供する
1881年	上安原の用水路改修を行う
1888年	全国最初の耕地整理工事を3カ月で完成させる
1889年	合併で安原村誕生。初代安原村長に就任
1900年	全国各地で耕地整理推進の指導に当たる
1907年	死去

久兵衛は干害対策のため水路改修を行っていた。水の流れや整理方法を調査・改修した経験が生きた。

親子2代で全国行脚

政府は久兵衛が上安原で打ち立て

た「石川式」を規範モデルとして全国で推奨した。久兵衛の元には各地の自治体から指導依頼が押し寄せ、久兵衛は全国各地へ出向いて指導に当たった。久兵衛の遺品の中には地元の名士と思われる人物から送られた感謝状もある。

久兵衛が過労で倒れた後は長男の信久が七代目久兵衛として跡を継ぎ、各地を回った。親子2代の尽力によって「石川式」は全国に普及していった。

金沢市福増町に立つ髙多久兵衛の胸像

自宅を仮校舎に開放

久兵衛は耕地整理だけではなく、地元の人々の教育にも尽力した。久兵衛は自宅で村人への農業教育を実践し、児童には読み書きや算盤《そろばん》を教えた。安原に小学校が設置されると、新校舎建設のために寄付し、完成までの仮校舎として自宅を開放した。その後も学校行事の開催や用具購入などの面で支援し、育英事業に取り組んでいる。

こうした情熱と人柄が、全国に先駆けた耕地整理を可能にし、農村の風景を今見える形に変えていったのである。

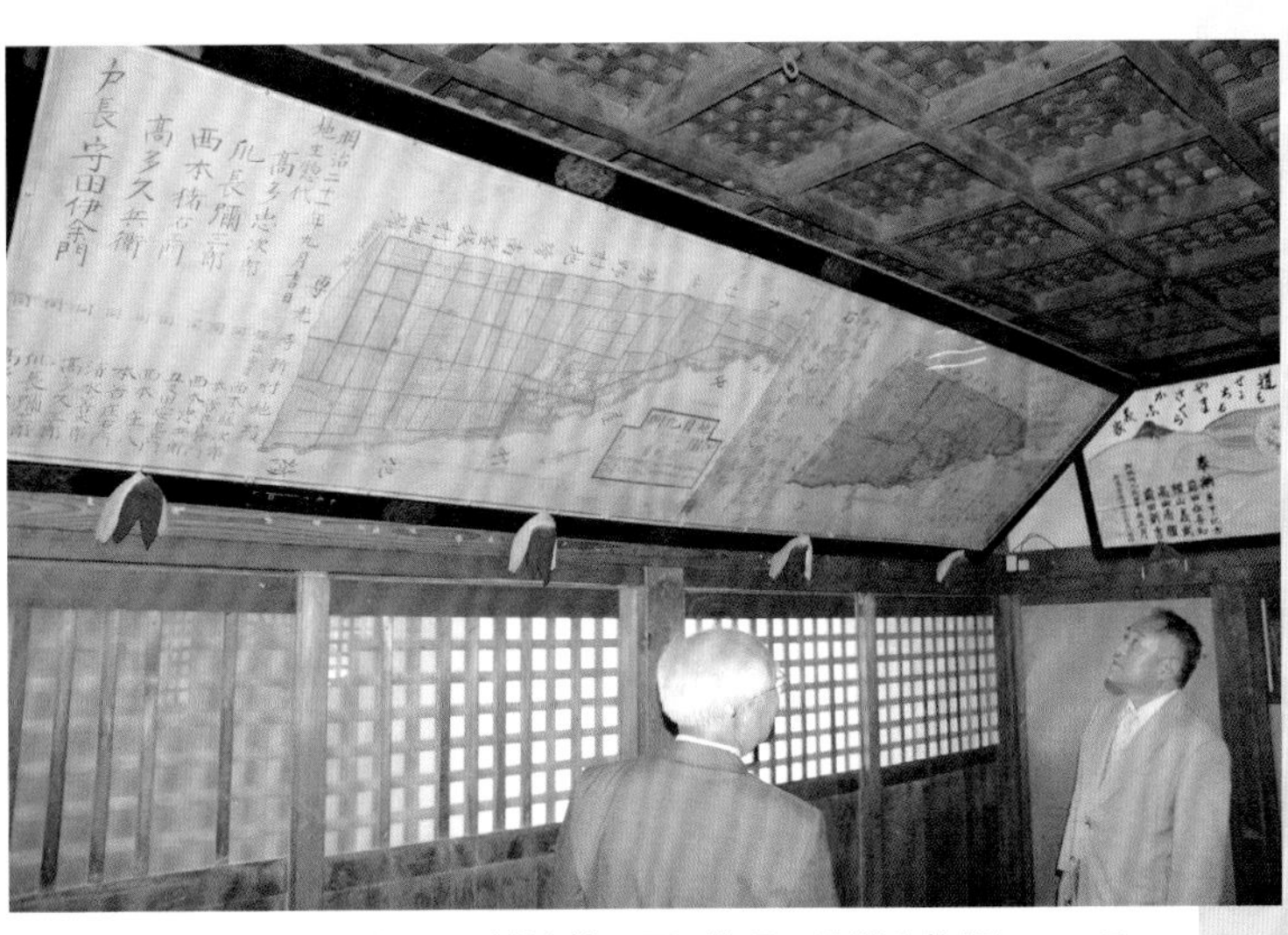

八洲原神社（上）に掲げられた耕地整理図。整理の苦闘を物語っている
＝2007年、金沢市上安原町

15

耕地整理を石川に初導入

表《おもて》 与《よ》兵《へ》衛《え》

（1851〜1922）

小坂レンコンの基礎作る

現在の金沢市小坂町の農家に生まれ、農政家として現在の同市北部の耕地整理に取り組み、農業の近代化に尽くした。

高多久兵衛より6年早く

金沢では1888（明治21）年に旧上安原村で篤農家の六代目高多久兵衛が始めたとされているが、表はすでに82年に旧小坂村で6年早く耕地整理に着手していた。石川県内では初の試みとなる。

地租改正で農地からの納税基準が変わり、藩政期の石高制の時代よりも農民の生活が苦しくなったことに対する打開策の面があった。

高多が郡や県の指導のもと西洋式の手法で「石川式」として全国に普及したのに対し、表は労力軽減のために馬耕しやすいように合併田を造り、あぜが少なくなることで耕作地が増加するという明治初期の耕地整理の手法を独自に改良し、河北郡を中心に広がった。

表は耕地整理と同時に米の品種改良に取り組んだ。1902（明治35）年には、千葉からハスの種を持ち帰り、小坂のレンコンを品種改良し、特産の「小坂レンコン」の基礎を作った。

16

ホルスタイン乳牛輸入、酪農に力

水《みず》登《と》勇《ゆう》太《た》郎《ろう》

（1852～1917）

力織機の開発を支援

金沢の町人の家（清川町という説があるが不明）に生まれた。ホルスタイン種乳牛を輸入し、牛乳の普及に努めるとともに、絹織物産業の発展にも尽くしている。

若い頃に宣教師であるトマス・ウインと出会ってキリスト教徒となり、西洋の新しい文化に触れた。

当時、病人に栄養をつけるために使用されていた牛乳の生産に興味を持ち、酪農に乗りだし、搾乳から販売までを一貫して手がける「金沢養《よう》梓《し》社《しゃ》」を発足させた。さらに日本で最初に輸入された乳量の多いホルスタイン種牛の雌雄2頭を購入、現在の金沢市泉野にヨーロッパ風の牛舎を備えた牧場を造り牛乳の普及に尽力している。

津田米次郎を援助

酪農のほか、絹織物の輸出も手掛けた。力織機の開発に取り組んでいた津田米次郎を物心両面から援助し完成に導き、自身の工場にいち早く導入している。金沢商工会議所の会頭も務め、産業振興に尽力した。衆院議員も務めている。

長坂町の曹洞宗大乗寺の登り口には酪農関係者が建立した水登の石像が建っている。

17

キリスト教伝道に尽くす

長《なが》尾《お》 巻《まき》

（1852〜1934）

トマス・ウィンから洗礼

2030石取りの加賀藩士・長尾八之門の次男として現在の金沢市彦三町に生まれた。

父は米国出身の宣教師であったトマス・ウィンから洗礼を受けた。大手町にあった自宅を「金沢日本基督《キリスト》教会」として使用していた。この影響もあって、27歳の時にウィンから洗礼を受けた。北陸英和学校（現・北陸学院）で神学を学び、伝道者としての道を歩み始める。

富山を皮切りに金沢、小松、大聖寺、愛知、岐阜の各地で伝道者として活動し、多くの人たちから尊敬された。

生けるキリスト教芸術

キリスト教伝道者であり社会・労働運動家である賀川豊彦が19歳の時、愛知県の豊橋教会で長尾と出会い、大きな影響を与えている。後に「貧民街の聖者」と呼ばれる賀川は「歓喜の聖徒　長尾巻物語」を執筆しており、長尾のことを「私は彼が完全なる生けるキリスト教芸術であると思っている」と記している。

作家の三浦綾子も「天の梯子《はしご》」という作品の中で長尾について「迫害と貧しさの中にあって信仰と愛に燃えていた」と書いている。

18

加賀レンコン生みの親

本《もと》岡《おか》三《み》千《ち》治《じ》

（1853〜1920）

親子で新品種採用、栽培促す

「加賀野菜」の一つである「加賀レンコン」。明治から大正にかけて、金沢北部郊外で新しい品種を採用しレンコン栽培の普及に尽力したのが本岡三千治である。

現在の金沢市森山1丁目の肝煎《きもいり》の家に生まれ、県会議員を務めた。現在の東山あたりから春日町にかけての地域がレンコン栽培の適地と考え開拓の先鞭《せんべん》を付けた。

小坂一帯に広がる

レンコン栽培は三千治の養子である太吉に引き継がれた。太吉は「枯《かれ》知《し》らず」という、当時の品種としては病気に強く収量も多いレンコンを導入した。これによって小坂一帯に栽培が広がっていった。

加賀でレンコン栽培が始まったのは約300年前、加賀藩5代藩主前田綱紀の頃とされている。そのルーツは尾張、近江など諸説があり明確ではない。明治初期までのレンコンは、地下1㍍余りに根が広がる品種だったが、明治20年代ごろから根を浅く張る品種が登場して注目されるようになった。

本岡親子は表与兵衛とともに、金沢近郊農家の特産品づくりに大きな一歩を刻んでいる。

19

化学、実業、外交に不朽の足跡

高峰《たかみね》　譲吉《じょうきち》

別荘「松楓殿」が高岡に知財戦略を示す化学遺産

高峰 譲吉
(1854~1922)

現在の高岡市御馬出町に生まれ、生後まもなく金沢に移った。米国に渡り消化薬タカジアスターゼと止血剤アドレナリンを発明する。発明の特許を取得するなど開発型ベンチャー企業の先駆けとなった。晩年は民間人として日米親善に尽力した。

在住のニューヨークゆかり

高峰譲吉が過ごした米国ニューヨーク州メリーウォルドの別荘「松楓《しょうふう》殿《でん》」の一部が2020(令和2)年3月、出生の地である高岡市に寄贈された。

長年、別荘を保有してきた実業家の滝富夫さんは一般公開であいさつし、「博士の熱いスピリッツは皆さんの胸の中にもある」と呼び掛けた。高岡商工ビル1階ロビーに、日本の美を伝える「松楓の間」が復元展示されており、誰でも無料で自由に見学できる。

松楓殿はもともと1904(明治37)年に開かれたセントルイス万博の日本館として建設された。万博終

高岡商工ビルに再現展示された松楓殿のメインゲストルーム＝高岡市丸の内

了後、高峰が譲り受けて移築した。日米親善の社交場ともなっていた。NPO法人高峰譲吉博士研究会副理事長を務める滝さんは、富山新聞の取材に「博士は民間外交の力で日本を支えた偉大な存在」と強調していた。

高峰譲吉博士研究会は2008(平成20)年にNPO法人として設立された。「この偉人から多くのことを学んでいただき、またこのような人材が育つよう、これからの時代を担う若い人に夢と希望を与えること」を目的に掲げている。

科学伝記マンガ「科学実業家　高峰譲吉博士物語」「これからだ譲吉！　高峰譲吉博士物語少年編」を刊行、学校や図書館、企業やミュージアムなど全国約205カ所に配付した。金沢工業大学と共同で「高峰譲吉プ

移築された松楓殿を見学する「高峰譲吉博士ゆかりの会」のメンバー

NPO法人高峰譲吉博士研究会が刊行した「科学実業家　高峰譲吉博士物語」と「これからだ譲吉！　高峰譲吉博士物語少年編」

ロジェクト科学実験教室～麹菌《こうじきん》の可能性を探る～」という中学生を対象にした交流プログラムにも取り組んでいる。

顕彰活動切れ間なく

没後100年を経ても、高峰の人気は衰えない。化学、実業、外交の3分野での不朽の足跡ゆえだろう。顕彰活動は切れ目なく続いている。

高峰の親族を中心とした「高峰譲吉博士ゆかりの会」は近年、高峰ファンの入会が相次ぎ、各分野の専門家を招いた講演会を開き、ゆかりの地を巡る旅行も実施している。

「高峰譲吉博士顕彰会」は金沢と高岡それぞれにあり、金沢市は「高峰賞」、高岡市は「高峰科学賞」を授与している。いずれも「次代の高峰博士」の育成を目指す。

米国への寄贈100周年に里帰りし、犀川堤防に植えられた「高峰桜」に土をかける関係者＝2012年8月、金沢市二ツ寺町

金沢ふるさと偉人館の敷地に咲く「高峰桜」

里帰りした高峰桜

晩年の高峰は日米親善に尽くした。1912(大正元)年にはワシントンに3000本、ニューヨークに2100本の桜が贈られたが、企画し資金を提供した。

米国で咲く「高峰桜」の子孫はこれまで2度、金沢に里帰りした。最初は「ゆかりの会」による苗木5本で2004(平成16)年、金沢ふるさと偉人館、金沢21世紀美術館、金沢大学医学部、黒門前緑地、大乗寺丘陵公園に移植された。

米国への寄贈から100年に当たる2012(平成24)年には149本の高峰桜の苗木が、金沢城公園や高岡市高峰公園などゆかりの地のほか、東日本大震災の被災地に植えられた。

第3種郵便物認可 北國新

高峰資料が化学遺産に

金沢ふるさと偉人館所蔵 特許証など82点

金沢ふるさと偉人館が所蔵する、金沢育ちの化学者高峰譲吉博士に関する資料が、日本化学会（東京）の「化学遺産」に認定された。博士が発明した消化薬タカジアスターゼや止血剤アドレナリンの特許についての書類や商標登録証など82点で、化学起業家の先駆けとしての博士の功績を示す。21日に東京で贈呈式が行われる。

スロイス講義録も認定

21日に贈呈式

化学遺産の認定は9回目となる。今回は金沢ふるさと偉人館の高峰博士資料に加え、市立玉川図書館近世史料館が所蔵する、加賀藩お抱えのオランダ人医師スロイスが明治初期に金沢で行った講義記録も認定を受けた。全国で計3件が選ばれた。

高峰博士の関係資料は、タカジアスターゼに関して米国で出願された特許証、タカジアスターゼを製造・販売した米国の製薬会社パークデービス社関係者と博士が交わした書簡、タカジアスターゼの日本での商標登録証、ドイツなど4カ国でのアドレナリンに関する特許通知、博士が使用していた顕微鏡となる。第一三共（東京）が所蔵するタカジアスターゼとアドレナリンの薬瓶、外箱4点とともに認定された。

ふるさと偉人館によると、資料からはタカジアスターゼの効果が確認されてパークデービス社が薬品開発に本腰を入れる過程や、アドレナリン関連では博士が代理人を立てて複数の国で並行して特許を出願するという、当時としては珍しい手法を取っていたことが分かる。研究を事業につなげる博士の起業家としての側面を伝えているという。

スロイス関連では、金大医学類の前身である金沢医学館での講義録「舎密学」計3冊が、明治初期に当時最新の化学が日本で教えられていたことを示す資料として評価された。同時期に福井で物理や化学を教えた米国人グリフィスの講義録（福井市立郷土歴史博物館所蔵）と合わせて選ばれた。

金沢ふるさと偉人館では4月21日～8月26日、市立玉川図書館近世史料館では4月28日～6月24日にそれぞれ認定を受けた資料を展示する。

広く顕彰したい

認定を受け、山野之義市長は「広く顕彰、発信するとともに、長い歴史を持つ『高峰賞』もあることから、学術文化の人づくりにも生かしていきたい」とのコメントを出した。

化学遺産に認定された高峰博士に関する資料＝金沢ふるさと偉人館

化学遺産 2009年度、化学に関する資料の保存と利用推進のため創設された。高峰博士が成功したアドレナリンの結晶化を記録した助手上中啓三の実験ノート、金沢出身の化学者桜井錠二に関する資料など、今回を合わせて計46件がこれまでに認定されている。

金沢ふるさと偉人館が所蔵する資料の化学遺産認定を報じる2018年3月9日付北國新聞

発明生かす起業家

近年は起業家としての高峰の再評価が進んでいる。

日本化学会は2018（平成30）年3月、金沢ふるさと偉人館が所蔵する高峰資料82点を「化学遺産」に認定した。「タカヂアスターゼ関係特許証」「パークデービス社関係の書簡類」「タカヂアスターゼ商標登録証」「アドレナリン関係特許通知」を含む。いずれも高峰の軌跡そのものが、化学と科学技術に関する特に貴重な歴史資料として認められた。

認定名は「化学起業家の先駆け高峰譲吉関係資料」だった。

認定された資料には、タカジアスターゼの効果が確認された後にパークデービス社が薬品開発に本腰を入れる過程、アドレナリン関連では博士が代理人を立てて複数の国で並行して特許を出願するというプロセスを示すものが含まれている。画期的な発明を成し遂げた化学者としてだけではなく、商標、特許といった知的財産を生かそうとする知財戦略が評価されたことになる。

歴史の風雪を超えて、語られ続ける化学の巨人である。

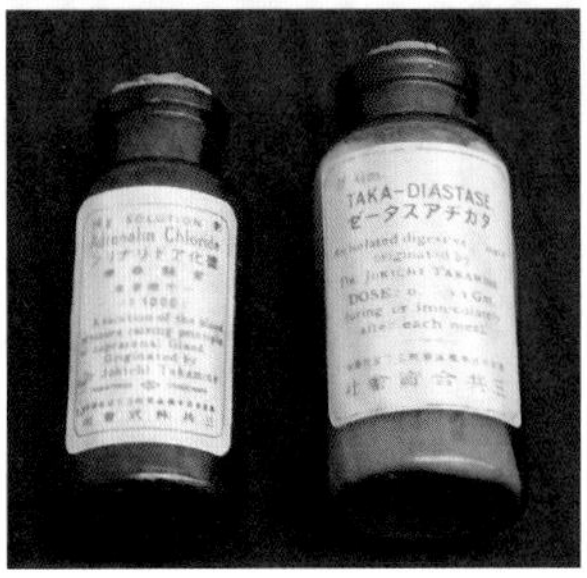

高峰が発明した販売当初のタカジアスターゼ（右）とアドレナリン（左）の瓶

高峰 譲吉の歩み

1854(嘉永7)年	現在の高岡市御馬出町で生まれ、翌年、金沢に移る
1865(慶応元)年	長崎に留学
1873(明治6)年	工部大学校に入学
1880年	英国に留学。3年後に帰国し、農商務省に勤務
1884年	ニューオリンズ万博に派遣され、妻となるキャロラインと出会う
1887年	人造肥料会社設立。キャロラインと結婚
1890年	ウイスキー醸造のため渡米
1894年	タカジアスターゼを特許出願
1900年	アドレナリンの結晶を抽出する
1905年	米国に日本倶楽部を設立し、会長となる。松楓殿をニューヨーク州に移築
1912(大正元)年	高峰の資金援助でニューヨーク、ワシントンに桜が贈られる
1922年	ニューヨークで死去

「ポンプの神様」と呼ばれた 井口《いのくち》 在屋《ありや》（1856～1923）

欧米が驚いた設計理論 従来性能を倍近くに

井口在屋は「ポンプの神様」と評される機械工学者である。飛躍的に性能を向上させる渦巻《うずまき》ポンプの理論を発表し、欧米を驚かせた。この形式のポンプは荏原《えばら》製作所(東京)を創業した畠山一清が実用化し、灌漑《かんがい》、排水、水道、工業など多くの用途で社会インフラの近代化を支えた。

井口は金沢の柿木畠で生まれた。父は儒学者で、明治以降は石川県師範学校や石川県専門学校の教師となった。

工部大学校(現・東京大学)を卒業した後に、東京帝国大学で構造力学の教授を務めた。1905(明治38)年、世界で最初の渦巻ポンプの体系的な論文「渦巻ポンプに関する理論」を発表した。

遠心力を利用し揚水

遠心力を利用して水を高所に揚げる仕組みである。井口はこの形式のポンプに明確な設計理論を与えることになった。

井口は、自身の理論に基づいて実験用の180ミリのタービンポンプを当時の芝浦製作所で試作した。

試験では揚程（ポンプが汲み上げられる水の高さ）39・5メートル、平均効率69％という従来のポンプ性能を一挙に倍近くまで引き上げる驚異的な成績となった。井口は試験結果を「強制渦巻ポンプの実験成績」という論文で発表、二つの論文は国際的に大きな反響を呼んだ。

英国の代表的工業雑誌「エンジニアリング」は「過去10年間における学術上の記録は、東京帝国大学の井口教授が研究された理論ならびに実験によって、いかにその祖国の利益になったかを証明するものである」と紹介されている。

弟子の畠山と世界制覇

画期的な渦巻ポンプは東京の国友機械製作所で実用化が始まった。東京帝大の教え子で同じ金沢出身の畠山一清は技師長として入社する。しかし、会社は2年で行き詰まり、倒産してしまう。

そこで畠山は新たに「ゐのくち式機械事務所」を東京に創業した。荏原製作所の前身である。井口は弟子の畠山と協力して渦巻ポンプを実用化し、「ゐのくちポンプ」として世界制覇を果たしていくことになる。

井口が設計理論を打ち立てた初期の渦巻ポンプ

渦巻ポンプ理論は東京帝大で井口が学生に実習指導しているうちに浮かんできたものであるという。

数学者関口開（金沢出身）に師事し認められた数学が業績の基盤にあった。さらに徹底した工夫好きという性格、弟子の畠山の活躍が融合して、革新的なポンプが世に送り出されたのである。

21

金沢人で初の医学博士

高《たか》橋《はし》順《じゅん》太《た》郎《ろう》

（1856～1920）

漢方薬を科学的に研究

加賀藩で代々、御算用者を務めてきた高橋荘兵衛の長男として現在の金沢市瓢《ひょう》箪《たん》町《まち》に生まれる。

1871（明治4）年、東京の大学南校（現・東京大学）に入学した。同期には森林太郎（鴎外）がいた。卒業後、文部省国費留学生としてドイツへ留学する。

当時最先端の実験薬理学を学び、生涯の伴侶となるルイゼ・ハインリッヒと出会って結婚、2人で帰国し、横浜に住んだ。国際結婚は高峰譲吉と米国出身のキャロラインが有名であるが、譲吉より3年早く国際結婚したことになる。帰国後、初代東京帝国大学医科大学薬物学の教授、1891（明治24）年には金沢人として最初の医学博士となった。

スペインかぜ流行に対処

動植物成分の科学薬理的研究で、加賀藩伝来の秘薬に目を向け、漢方薬の成分の科学研究を行っている。その後、数多くの薬の創製にも関わっており、肺結核薬「ファゴール」、肺炎薬「レミジン」、高橋氏改良肝油など多くの薬を三共株式会社（現・第一三共、当時の社長は高峰譲吉）から世の中に送り出し、第1次世界大戦後のスペインかぜ流行に対処した。

22

軍艦「厳島」「松島」を建造

辰《たつ》巳《み》一《はじめ》

（1857〜1931）

日清戦争勝利に導く

加賀藩士辰巳保重の長男として現在の金沢市彦三町に生まれる。

1868（明治元）年、11歳のとき、藩命により横須賀で造船学と機械学を学んだ。

授業はすべてフランス語だったが、特に数学を重視したカリキュラムが組まれており、当時の講義ノートからは、解析学をはじめ高度な数学を学んでいたことが分かる。

フランスに留学

国費留学生としてフランスに留学し、シェルブール海軍工兵学応用学校で3年間造船学を身に着けた。理工科学校の卒業生の上位6人のみが採用される最高学府である。

帰国後、横須賀造船所に勤務、フランスで建造される軍艦「厳島」「松島」の造船監督官として再度渡仏した。6年の歳月を経て、2隻を完成させた。帰国後は、神戸小野浜造船所長として水雷艇の製造に心血を注いだ。

日清戦争における海軍の勝利は、7千トン級の軍艦を持っていた清国に対して、4千トン級ながら身軽で火力の優れた「厳島」「松島」などで応戦し、軽快な水雷艇が活躍した点が大きい。辰巳の優れた造船技術が貢献したと言えるだろう。

23

「理化学研究所」創設に尽力

桜《さく》井《い》錠《じょう》二《じ》

独創を生んだ事業計画
家族の会、今も活動

桜井 錠二
（1858～1939）

現在の金沢市東山に生まれる。幼名は錠五郎。英国留学時に外国人にも発音しやすい錠二と改名した。応用化学がもてはやされる中、東京帝国大学教授として、理論化学の重要性を説いた。理化学研究所副所長、東京化学会長、帝国学士院長なども務めた。

日本を代表するスーパーコンピューターは「富岳《ふがく》」と言えるだろう。世界の計算速度ランキング「TOP500」では4位。激しく追い上げを受けるが、ビッグデータ解析で重視される別の2部門では8期連続の首位を守った。「富岳」、その前機種である「京」を世に送り出したのは、独立行政法人の理化学研究所（理研）である。

理研は量子コンピューターの分野にも乗り出している。国産初の次世代計算機であり、2023（令和5）年3月、開発チームの代表は会見で「研究開発に関わる人が増えることで、この新しい分野を活性化していきたい」と話している。

理研発足は金沢出身の高峰譲吉の

毎秒1京回の計算能力を持ち、2012年から運用された理化学研究所の「京」のシャットダウンセレモニー
＝2019年、神戸市内（写真提供：共同通信社）

提唱によるものだった。「理化学工業によって国の産業を興そうとするなら、基礎となる純正理化学の研究所を設立する必要がある」として、1913（大正2）年、「国民科学研究所」の設立を訴えたのだ。

財界・産業界の重鎮である渋沢栄一（1840〜1931）が呼応して、高峰による構想の肉付けに当たった。そして、高峰と同郷の化学者である桜井錠二がどんな研究所にするか事業計画を話し合った。世界のコンピューターの最前線は、初代副所長となった錠二に源泉がある。

錠二は理研設立について後年、「資金の調達は故渋沢子爵（栄一）主としてこれに当たり、また事業の計画は不肖（錠二）主としてこれに当たることとなりまして」と回顧している。

同時に錠二は「一つ申し上げたいのは理化学研究所の設立により、有為有能なる幾多の新進学者が初めて一意専心独創的研究に没頭することができるようになったことでありまして、同所の設立はわが国における学術の発達に重大なる意義を有するものと考えられるのであります」とも語っている。

理研は現在、日本で唯一の自然科

桜井 錠二の歩み

1858（安政5）年	現在の金沢市東山で生まれる
1870（明治3）年	七尾語学所で英語を学ぶ
1876年	英国に留学
1882年	東京大学教授
1888年	日本最初の理学博士になる
1892年	溶液沸騰点新測定法を考案
1917（大正6）年	理化学研究所が創設され副所長となる
1932（昭和7）年	日本学術振興会が設立され理事長となる
1939年	死去。男爵、勲一等旭日桐花大綬章を受章

学の総合研究所として物理学、工学、化学、数理・情報科学、計算科学、生物学、医科学など多彩な分野で研究を進めている。錠二の事業計画が1世紀以上、枝葉を広げた結果、日本で独創的な研究成果が生まれていったと言えるだろう。石川県立歴史博物館が所蔵する桜井の講義ノートなどは2014(平成26)年、日本化学会の「化学遺産」に認定されている。

石川県立歴史博物館が所蔵する桜井関係資料が日本化学会の「化学遺産」に認定されたことを報じる2014年4月1日付北國新聞

金沢出身「近代化学の父」

桜井錠二資料 化学遺産に

歴博所蔵

講義ノート、修学証書など

(石川県立歴史博物館提供)

桜井錠二

石川県立歴史博物館が所蔵する、金沢出身の化学者桜井錠二《じょうじ》に関する資料が31日までに、日本化学会(東京)の「化学遺産」に認定された。

桜井は1858年に加賀藩士の家に生まれ、英国留学を経て、日本初の理学博士として理化学研究所を創立するなど「日本の近代化学の父」と呼ばれる。所蔵品で認定されたのは、桜井が通った東京開成学校の修学証書や、分子式などが書き込まれた講義ノートなど155点で、県外の4施設の資料とともに選ばれた。歴史博物館の濱岡伸也資料課長は「今後も大切に保管し、研究を進めるためにも公開していきたい」と話した。

化学遺産にはこのほか、県関係では、金沢市から博物館明治村(愛知県犬山市)に移築された旧制四高の物理化学教室が認定された。

化学遺産は2010(平成22)年、化学に関する資料の保存と利用推進を目的に創設され、今回は5回目の認定。初回には、高岡生まれ、金沢育ちの化学者高峰譲吉が成功した止血剤アドレナリンの結晶化を記録した、助手上中《うえなか》啓三の実験ノートが選ばれている。

「化学遺産」に認定された桜井錠二に関する資料
＝金沢市の石川県立歴史博物館

兄は校長、造船学者

錠二の家族は多彩な人物ぞろいだった。房記《ふさき》と省三という二人の兄がいた。

房記は熊本の第五高等学校(五高)の教頭、校長を務めた。教師として赴任してきた夏目漱石に英国留学を勧め、決断させている。当初の漱石はあまり乗り気ではなかったというが、文部省からの通知に応じるよう説いている。能楽の加賀宝生の手ほどきもしている。

省三は造船技師であり、海軍造船大監となった。日清・日露戦争に参戦した巡洋艦「千代田」のほか、通報艦「千島」、巡洋艦「千歳《ちとせ》」、同「笠置《かさぎ》」などを設計した。造船のためにフランス留学が長かったことから、現地で料理を学び、日本にフランス料理を紹介した人物としても知られている。

錠二の五男である季雄《すえお》は、理研の研究員として頭角を現した。陽画感光紙を発明し、それを基に株式会社「理研感光紙」が設立されている。現在のリコーグループの礎《いしずえ》となっている。研究のDNAに恵まれていたのかもしれない。

9人の子で「九《きゅう》和《わ》会《かい》」

錠二には季雄を含めて9人の子どもがおり、その家族がいつまでも仲良くあってほしいという願いを込めて「九《きゅう》和《わ》会《かい》」という親族の会が結成された。名付け親はもちろん錠二である。

「九和会」の写真には、中央にサンタクロースに扮した錠二がいて、和やかな雰囲気が伝わってくる。現在は孫の世代となったが、今も活動は続いている。会員は100人以上。近況を報告する「会報」を発行し、コロナ禍前までは年に1回有志が集まり花見や墓参を行っている。偉人を顕彰する会は多いが、中心人物が亡くなるとその後活動が縮小するケースも多い。1世紀近く存続している「九和会」は、錠二の意志が生きている証と言える。「九和会」は錠二がロンドンに留学していた時に住んでいた下宿も訪ねている。

「九和会」の集まりでサンタクロースの扮装をした桜井錠二（中央）

桜井錠二のロンドンでの下宿先を訪ねた「九和会」の一行

池田菊苗と義理の兄弟

錠二はグラスゴー大学で名誉博士号を授与されている。この時ロンドンで錠二を出迎えたのは弟子の化学者の池田菊《きく》苗《なえ》だった。昆布の旨み成分がグルタミン酸塩であることを発見、うまみ調味料「味の素」の生みの親となった人物だが、その父は元加賀藩士だった。池田は後に錠二の妻の妹と結婚、義理の兄弟になっている。

1876（明治9）年の英国留学に当たり、記念写真に収まる桜井一家

24

四高の名物校長

北條《ほうじょう》 時《とき》敬《ゆき》

東北帝大に初の女子大生
圧力に屈せず門戸開放

北條 時敬
(1858〜1929)

現在の金沢市池田町に生まれる。金沢英学校・啓明学校で関口開から数学と英語を学ぶ。東京大学数学科を卒業後、石川県専門学校・第四高等中学校の数学教師を務めた。山口高校、四高、広島高等師範学校の校長、東北帝大学総長、学習院長を歴任した。

2023(令和5)年9月、仙台市の東北大学で「女子大生誕生110周年」の記念式典が行われた。秋篠宮家の次女佳子さまがあいさつし、多様な人材を求めるため、前身の東北帝国大学が1913(大正2)年に3人の女性を受け入れたことについて「大切な一歩だった」と述べた。

東北帝大に入学したのは黒田チカ、丹下ウメ、牧田らくの3人だった。黒田は化学の分野で足跡を残している。東北大史料館は「日本初の女子大生　黒田チカから一世紀のあゆみ」と題した特別展を開いた。

女子大生を入学させることを決断したのは、金沢生まれの北條時敬だった。当時は東北帝大総長。女子学生への門戸開放は前総長であった澤

柳政太郎から引き継いだ方針だったが、文部省が異を唱えた。当時、帝国大学は男性が学ぶ高等

東北大史料館で開かれた特別展「日本初の女子大生　黒田チカから一世紀のあゆみ」＝2023年10月（写真提供：共同通信社）

教育機関であるのが当然だと考えられていた。文部省は女子入学を「重大事件」と捉え、大学に説明を求めたのである。世間でも大きな反響を呼んだ。北條は「研究第一主義」「門戸開放」を掲げ、圧力に屈することなく、3人に合格通知を出した。「古の武士のよう」とも称される北條の確固たる姿勢を示す逸話である。

「明治三年の奇跡」教育

北條は石川県専門学校・四高で数学と英語を担当した教師として名を残す。特に「明治三年の奇跡」と呼ばれる異才、鈴木大拙、西田幾多郎、藤岡作太郎、木村栄を育てたことで知られる。このほか山本良吉、井上友一、徳田秋声、桐生悠々、安宅弥吉、山崎延吉、小倉正恒など本書に収録された俊英たちを教育した。特に西田や山本は、北條の赴任先に教師として招か

北條 時敬の歩み

1858(安政5)年	現在の金沢市池田町に生まれる
1873(明治6)年	金沢英学校に入学。関口開から英語と数学を学ぶ
1881年	東京大学理学部数学科に入学
1885年	石川県専門学校教諭となる
1888年	第四高等中学校教諭となるが退職。帝国大学大学院に入学
1896年	山口高等学校長となる
1898年	第四高等学校長となる
1902年	広島高等師範学校長となる
1913(大正2)年	東北帝国大学総長となる
1917年	学習院長となる
1920年	貴族院議員となる
1929(昭和4)年	東京の自宅で死去

謡曲を披露する北條（左から2人目）

れるなど、師弟関係は生涯続いた。

自らも悪童だった経験からか、北條は荒れた学校を立て直すことに定評があった。四高もその一つだった。風紀の乱れが議会で問題提起されるほどだったが、北條は再建のため校長として赴任し、４年の任期の間に風紀を立て直した。

北條は学外の風紀にも厳しかった。艶聞《えんぶん》に事欠かない伊藤博文首相が石川県へ視察に来た際、北條は「金沢の学生たちの見本として一挙手一投足にご注意ください」と警告する手紙を送った。伊藤は「北條という男は恐ろしい」と直言をむしろ称賛したという。

蔵書を寄贈、目録残る

北條には、古書蒐集《しゅうしゅう》家としての一面もあった。次第に消え去っていく近世以前の書物を古書店で買い求めて修復、保存に努めた。蔵書は１万点を超え、その大半は大学や公共施設へ、石川県では四高と石川県立図書館に寄贈されている。目録が金沢ふるさと偉人館に残されており、原爆で焼失した広島高等師範学校に寄贈された書名などもうかがい知れる。

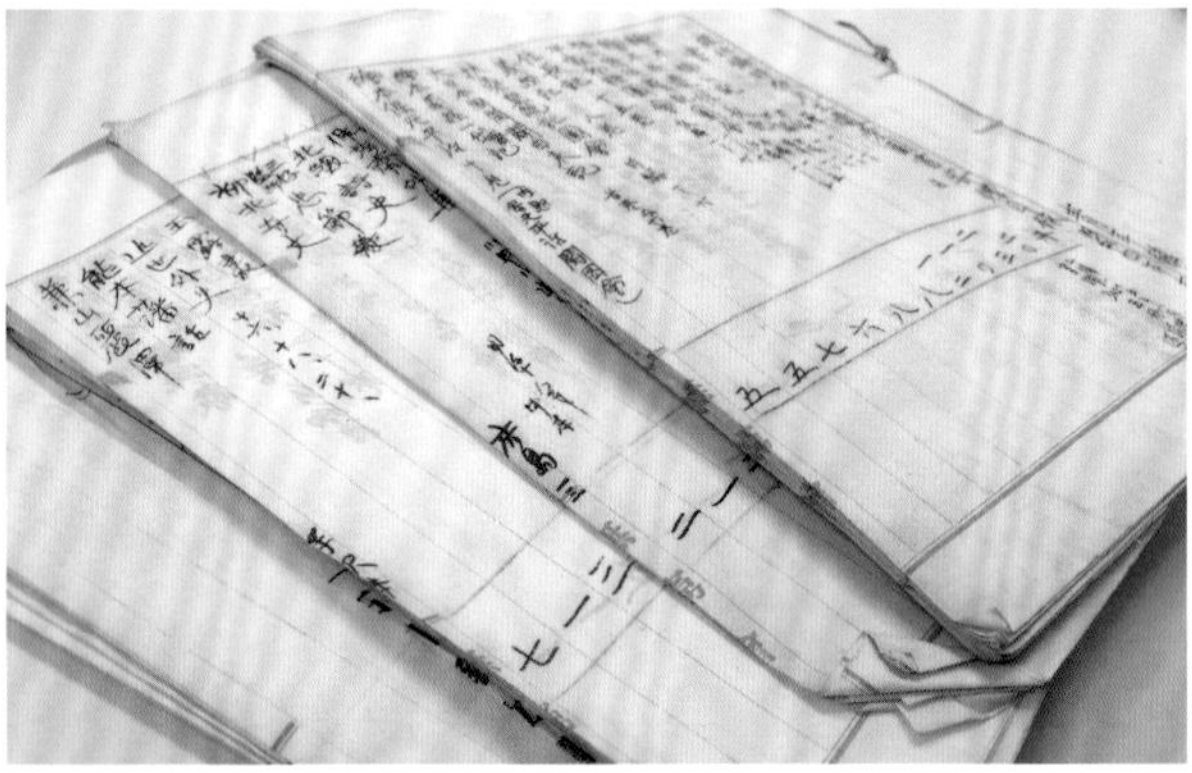

広島高等師範学校に寄贈された北條の蔵書目録

金澤神社に立つ顕彰碑

学生の更生や門戸開放、貴重書の保存など多彩な面で貢献し、晩年は学習院長として皇族からも信頼されていた。

北條の学友だった物理学者の長岡半太郎は、北條が研究ではなく教育の道へ進んだことを残念に思っていたという。教育者・北條時敬なくして「明治三年の奇跡」は生まれなかっただろう。

25

無給で村長、禁酒運動

木谷吉次郎《きだにきちじろう》

（1858～1949）

返済不要の学費を補助

現在の金沢市粟崎町に生まれる。藩政期に活躍した大豪商・木谷《きや》家の分家の長男で、神戸に出て実業家となり活躍した。1920（大正9）年に故郷である粟崎村へ帰郷すると、「報恩」を掲げて、産業奨励や慈善事業、教育への寄附・援助を惜しまなかった。

経済的に困窮する学生を対象に月額3円の学資援助を行い、一切の返還を受け付けなかった。援助した学生の数は累計で500人を超える。

禁酒踊り、禁酒かるた

木谷は生活は質素倹約を旨とし、酒を嫌った。粟崎村は木谷の提唱により1928（昭和3）年に禁酒宣言を行う。盆踊りは禁酒踊りになり、青年団が秋祭りで禁酒劇を上演、正月には「禁酒かるた」が繰り広げられた。32年に村長に就任し、35年の金沢市合併まで任に当たった。

村民の「自立心を育てる」ことを目指し、粟崎小学校建設も費用の幾分かは住民が用意するよう促し、それでも不足する場合は追加で援助した。

晩年、金沢市に寄付した大野川沿いの屋敷跡は現在、木谷公園として親しまれている。

26

漱石も一目置いた漢学者

黒本《くろもと》 稼堂《かどう》

（1858～1936）

蔵書は市立玉川図書館に

銭屋五兵衛の一族である銭屋與《よ》右衛門《えもん》の5番目の子として現在の金沢市金石で生まれた。本名は植《うえ》。生後間もなく、専光寺地区の農家、黒本家の養子となった。

石川県師範学校卒業後、金沢、栃木、東京、熊本など各地の旧制中学校や高等学校で漢学の教師を務めた。熊本の第五高等学校(五高)では夏目漱石の同僚だった。五高の創立記念日に漱石は教員総代として祝辞を述べているがこの原稿は、黒本が草稿を書いたとも、漱石との合作であるともいわれている。

漱石は五高退職の時に、黒本に「陶淵明全集」を贈っている。この本には漱石の蔵書印である「漾虚碧堂《ようきょへきどう》図書」の印が押されている。中国の魏晋南北朝時代の詩人の詩集であるがこれは元々、早世した金沢出身の米山保三郎が漱石に贈った本であり、その本が再び金沢出身である黒本に贈られる形になった。

蔵書は4600冊

「陶淵明全集」を含む4600冊にのぼる蔵書は晩年、金沢市立図書館に寄贈され特殊文庫の第1号となった。現在は玉川図書館に伝わっており「稼堂文庫」と呼ばれる。

27

近代を代表する言論人

三宅《みやけ》 雪嶺《せつれい》

流通経済大に資料館
生涯、一民間人として

茨城県龍ケ崎市の流通経済大学に、三宅雪嶺記念資料館がある。2002（平成14）年に開館した。「その時代と人生」「師・友・ライバル」などのゾーンに分かれて足跡を旧蔵書、愛用品・愛蔵品、コレクションでたどっている。

所蔵品には白瀬矗《しらせのぶ》の南極探検隊から贈られたペンギンの剥製《はくせい》、雪嶺が岡倉天心から受け取った手紙、エジプトのスフィンクスの前で記念撮影に臨む侍たちの写真が含まれる。近代日本を代表する言論人が出会った事柄の多彩さを伝えている。

記念資料館は、孫の三宅立雄さん（故人）が流通経済大名誉教授だった縁で建てられた。ウェブページには「祖父雪嶺についての正しい人間像を知っていただける場となれば孫の私にとって望外の幸せであります」という立雄さんの言葉が記されている。

三宅 雪嶺
(1860~1945)

本名雄二郎。現在の金沢市新竪町に生まれる。東京大学文学部哲学科に在籍中、図書館で読書に明け暮れる。卒業後は新聞や雑誌への投稿を機にジャーナリストの道を進む。志賀潔らと結成した政教社から雑誌「日本人」を刊行し、国粋主義を唱えた。大正期にはその著作は70冊を超える。

流通経済大の三宅雪嶺記念資料館の内部。雪嶺の足跡を伝えている＝茨城県龍ケ崎市

日本社会と対話

雪嶺は文部省を辞して以降、官とは無縁だった。生涯の大半を一民間人として過ごしたことになる。大学総長就任や入閣の依頼をすべて断っている。言論人として、市民の目線からみた社会を論じることに徹した。雑誌を通して日本社会と対話を重ね、日本人のあるべき道を示しながら、その思想を柔軟に深化させていったのである。

欧化主義に危機感

雪嶺の思想は「国粋主義」と呼ばれる。明治政府は海外への留学やお雇い外国人など様々な手段で日本の近代化を図ろうとした。鹿鳴館《ろくめいかん》に代表される欧化政策が進められる中、漢字や仮名を廃止してローマ字に統一すべきという主張さえ見られた。

雪嶺は行き過ぎた欧化主義に危機感を抱き、国粋主義を提唱し始めたのである。

祖父雪嶺の母校、金沢市新竪町小（当時）で講演する三宅立雄さん＝2005年

国粋主義者という言葉から排外的なイメージを持たれやすいが、雪嶺は欧米の優れた部分を吸収することを前提としつつ、日本人に合った生活や文化を大切にしながら近代化を進めるべきと説いた。日本、日本人のあるべき姿を研究と言論を重ねながら終生模索し続けていく。

三宅雪嶺・龍子夫妻。龍子は「田辺花圃」のペンネームで活動した

言論の方向性も柔軟であり、婦人向けの雑誌「女性日本人」を妻の龍子とともに創刊し、婦人参政権に賛同を示した。龍子は「田辺花圃」という筆名で小説「藪《やぶ》の鶯《うぐいす》」を発表した日本で最初の女性作家であり、後に樋口一葉を世に出した。

「同時代史」まとめる

1945（昭和20）年の終戦を雪嶺は「長く生きれば色んなこともある」とつぶやいて受け止めた。自身の経験した幕末から昭和までの出来事を「同時代史」という題名でまとめた。一市民がみた近代日本の文明史と言えるだろう。

生涯に著した膨大な書物は戦禍を免れ現存している。戦後まもなく、三宅は書物の無事を知り「日本の文化復興に少しでも役に立つか」と語ったそうだ。

故郷の金沢市新竪町3丁目にある生誕地には「三宅雪嶺の碑」がある。故郷金沢をこよなく愛し、東京でも金沢弁を使ったという。

生家跡に立つ「三宅雪嶺の碑」＝金沢市新竪町3丁目

三宅 雪嶺の歩み

1860(万延元)年	現在の金沢市新竪町に生まれる
1871(明治4)年	金沢の仏語学校に入学、英語学校に転校
1875年	名古屋の愛知英学校に入学
1876年	東京開成学校（翌年、東京大学に改称）に入学
1883年	東京大学の準助教授として同学編集所に勤務
1888年	「政教社」を創立し、雑誌「日本人」を発行
1891年	「真善美日本人」「偽悪醜日本人」を出版。雑誌「亜細亜」を発行。海軍練習艦「比叡」に乗艦し、南太平洋を巡る
1892年	「我観小景」を出版。龍子（田辺花圃）と結婚
1901年	文学博士となる
1902年	世界漫遊の旅に出発
1907年	雑誌「日本及日本人」を発行
1923(大正12)年	雑誌「我観」を発行
1943(昭和18)年	文化勲章受章。妻・龍子、死去
1945年	死去

28

荒れた学校立て直した

横《よこ》地《ぢ》石《いし》太郎《たろう》

(1860〜1944)

「坊っちゃん」赤シャツモデルか

与力を務めた130石取りの加賀藩士、横地大十郎の長男として現在の金沢市宝町で生まれ、教育者として生涯を歩んだ。

前田利嗣《としつぐ》の学友

下級武士の出身だったが、1875(明治8)年、旧藩主である前田家から「前田利嗣《としつぐ》の学友」として選抜された。前田家が東京の本郷邸内に設けた学問所で本多政以《まさざね》、村井又六といった重臣「加賀八家《はっか》」出身の子弟とともに学んだ。15歳で上京している。

学問所はわずか1年足らずで廃止されるが、東京大学理学部を卒業し、教員の道に進む。専門は物理・化学だが考古学や天文学、地学など幅広い分野に興味を示した。愛媛県立尋常中学校では教頭から校長を務め、山口高等商業学校(現・山口大学)の校長も務めた。

愛媛時代、赴任してきた夏目漱石とは互いの家を行き来するなど親密な間柄であった。

漱石の「坊っちゃん」が発表された時に、「赤シャツ」のモデルは横地ではないかとされた。本人は否定したが、所蔵する単行本に漱石との思い出を書き綴っている。

29

官界から財界、政界へ

中橋徳五郎《なかはしとくごろう》

（1861〜1934）

文相として教育機構改革

現在の金沢市石引に生まれる。東京大学法学部卒業後、農商務省や逓信省《ていしんしょう》などに勤務した。1898（明治31）年に、37歳で鉄道行政トップである逓信省鉄道局長に就任した。

その後は請われて官界を去り、大阪商船会社の社長に就任。経営が傾きかけていた同社を2年で立て直し、関西に強固な地盤を築く。山岡順太郎、堀啓次郎、林安繁ら同郷の後輩と「大阪商船閥」を築き、関西財界の重鎮として存在感を高めた。関西電力の前身である宇治川電気の設立にも尽力、初代社長を務めた。

永井柳太郎と接戦

その後は政界に進出した。大阪市議、議長を経て1912（明治45）年に衆院議員となる。金沢から出馬した15（大正4）年には「北陸の鉱山王」の横山章、17年には永井柳太郎との大接戦を演じ、石川の人々の記憶に刻まれた。

原敬内閣では文部大臣として入閣した。在任中には教育機構改革に取り組んだ。高等学校10校、専門学校29校、医学専門学校5校を設置するなど高等教育機関の充実を図った点に特色がある。女子教育、実業教育にも力を注いだ。

30

金沢に電気を通す

十二代目

森下《もりした》八《はち》左衛門《ざえもん》

（１８６１〜１９４３）

私財投じてインフラ整備

現在の金沢市尾張町に生まれた。和菓子商の老舗《しにせ》「森八」12代目当主で、私財を投じて金沢の近代化に尽くした。

森下は１８８９(明治22)年に、静岡で電気会社の開業式に立ち会って感激し、石川県内で初となる電気事業を思い立った。

犀川上流に水力発電所を築き、金沢市内に電気を引く計画だった。森下は93年に「金沢電灯会社」の創立を県に願い出て認可を受けた。その後、事業は金沢市が引き継いだが、市会の混乱、財政難によって計画は頓挫してしまう。森下は改めて出資を募って「金沢電気株式会社」を結成、１９００年に辰巳発電所が完成し、金沢の約２２００カ所の電灯をともした。

社交クラブも創設

電気事業にとどまらず、鉄道や機械設備への投資、社交クラブの創設や金沢市立音楽隊の設立など活動は多岐にわたった。

後継者がなく１９１１年に「森八」の経営権を親族に譲渡した。75歳で産業功労者として表彰され「時を経て　朽木《くちき》の柳　芽張りけり」という句を遺《のこ》している。

31

和算に始まり西洋数学精通

田中《たなか》 鉄吉《おのきち》

(1861~1945)

師・関口の業績伝える

現在の金沢市杉浦町に生まれる。石川県中学師範学校に在学中、数学者である関口開《ひらき》から西洋数学を教わった。

数学教師となり1887(明治20)年の第四高等中学校創設以来、40年にわたって数学科の教官を務めた。

田中が生きた時代は近世以来の和算から、西洋数学へと学問が移り変わる過渡期だった。師である関口の没後は、同輩の上山小三郎とともに「関口開先生小伝」(1919年)を刊行し、その業績を広く世に知らしめた。関口の業績が今も知られているのは、田中らの労によるものである。

和算が急速に過去のものとなっていく中、田中は引き続き郷土の数学者たちを後世に残すため、文献・史跡調査に取り組んだ。

「郷土数学」を発刊

調査は石川県のみならず富山県にも及び、業績や遺品の調査収集に努力した。その成果は1937(昭和12)年に刊行された「改訂増補 郷土数学」(池善書店)として集大成された。

収集品は没後、「田中文庫」として石川県立図書館に寄贈された。

32

北國新聞の創刊者

赤《あか》羽《ばね》萬《まん》次《じ》郎《ろう》

創刊130年で銅像除幕　生き続ける「案内者」の志

赤羽萬次郎
（1861〜1898）

現在の長野県松本市に生まれる。20歳前に上京して「東京横浜毎日新聞」記者となる。田中正造や尾崎行雄、犬養毅らと知り合う。大阪の「内外新報」編集長を経て1893（明治26）年8月、金沢で北國新聞を創刊し、初代の社長・主筆となる。「教育、兵事、宗教、文化、技芸その他あらゆる社会の森羅万象の案内者となる」と宣言した。36歳の若さで死去した。

「創刊の志受け継ぐ」

２０２３（令和５）年８月、金沢市の北國新聞会館横で、北國新聞創刊者である赤羽萬次郎の銅像が除幕された。創刊１３０年の節目である。小公園は「赤羽萬次郎公園」と命名された。

北國新聞社の飛田秀一会長は「創刊の志を受け継ぎ、これからも建設的な評論と客観的な報道を続けていく」とあいさつした。地域とともに歩む地元紙として「森羅万象の案内者」たることを掲げた初代社長に思いをはせた。

銅像は高さ２・３メートル。袴の帯を握った左手は真理や本質を求める意志の強さ、前へ差し出した右手は人々に問い掛け、意見を聞き入れる寛容さを表現している。

2年がかりで仕上げる

石川県美術文化協会理事を務める彫刻家・村井良樹さん（野々市市）が構想を含め2年がかりで仕上げた。「写真が一枚しか残っていないので難しかったです。幼少のころからの強い向学心、多くの人々を説得する様子を造形しました」と振り返る。

完成した赤羽萬次郎像＝金沢市の赤羽萬次郎公園

日展特別会員、北陸日彫会会長のベテランである村井さんは長年、具象彫刻に取り組んできた。「人物を造形するのは、その人の気持ちになって、その時代をしっかりと見詰めなければなりません」と説く。赤羽関係の資料をみっちりと読み込んで彫刻に仕上げた。赤羽の実弟で2代社長・林政文のひ孫に当たる鈴木レディスホスピタル（金沢市）の新田直樹

銅像を除幕する関係者＝2023年8月、金沢市の赤羽萬次郎公園

会長は「大変立派な像で感動した」と述べていた。

赤羽モデルの小説

森羅万象の案内者と記した北國新聞発刊の辞に赤羽の人となりを読み解く人がいる。七尾市の作家・出崎哲弥さんだ。

『案内者』という言葉には読者と同じ目線がある。決して尊大ではなく、謙虚です」

出崎さんは季刊「北國文華」で「赤羽萬次郎が生きた時代」を連載した。2011(平成23)年、北國新聞社が募集した赤羽萬次郎賞に入選したのを契機に文筆活動を本格化させた。21年には赤羽をモデルにした新聞記者の主人公・赤羽萬二郎が活躍する小説「装束《しょうぞく》ゑの木《き》」で「オール讀物」新人賞を受けた。23年には「萬二郎」が主人公の新作も発表している。

「『地方は与《よ》論《ろん》の本《もと》なり』という赤羽の言葉も、地方でしかできない文化の発信をやってやるという決意が感じられる。教えは脈々と生きていると思います」。出崎さんは赤羽か

（一）　明治二十六年八月五日

北國

北國新聞發刊之辭

我が北國新聞は本日を以て北國の大都金澤の中央に生まる、顧ふに北國四縣其發行する所の新聞紙少からず、我か石川縣のみを以てするも現に三個の新聞紙を有す、而して此際又た特に北國新聞を刊出す、豈に其謂はれ無くして可ならんや、

近来政治上に於ける黨爭の事、愈〻其熱を加へ其度を増すや、其波濶延さて新聞紙に及び、偏頗依估の記事論説を公けにして耻ちず、或は筆を兇器に供して反對者を排謗するを是れ勉む、是に於て乎、社會の耳目となるべき新聞紙却て世間を惑はし、復た事の眞僞是非を問はさるもの多し、所謂偏見なる新派新聞

北國新聞創刊号の紙面

ら文明開化が進む日本をさらに描きたいと意気込んでいる。

「日に新たに、また新たに」

赤羽は創刊直後の8月24、26日付北國新聞で「北陸の美術」と題した社説を掲載した。「過去に心酔していると、結局過去をしのぐことはできない。取捨斟酌《しんしゃく》を怠ってはならない」と説いた。「日日に新たに、また日に新たなり」を口癖とし、未来を見据えた赤羽の思いが伝わる。

明治末期の北國新聞の社屋。現在の赤羽萬次郎公園に位置する
（カラー化制作＝アジャストフォトサービス）

北國新聞社は2023年、全社を挙げて国民文化祭（いしかわ百万石文化祭）に取り組んだ。北國新聞社が主導して県内の文化団体を束ね、1996（平成8）年に産声を上げた石川県芸術文化協会が前面に出て石川の「文化絢爛《けんらん》」を体現した。

皇室の至宝を公開した「皇居三の丸尚蔵館《しょうぞうかん》収蔵品展」は5万人を超えた。金沢城公園を光で彩った「チームラボ金沢城光の祭」は累計15万人が訪れた。

創刊100年、1993（平成5）年の北國新聞は社説で「いま伝わっているものに、異端の血、つまり新しい息吹を受け入れるための試み、が混じることを恐れてはなりません」と記した。30年を経て、赤羽が説いた「日日また新たに」の精神は、より太く大きな流れとなり、令和の石川を潤している。

赤羽萬次郎の歩み

1861（文久元）年	現在の長野県松本市に生まれる
1877（明治10）年	自由民権運動に関わる
1881年	「東京横浜毎日新聞」の記者となる
1885年	大阪で創刊された「内外新報」の主筆となる。演劇改良論を展開
1888年	金沢の「北陸新報」に招かれる
1893年	金沢で「北國新聞」を創刊
1898年	死去

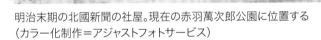

33

動力織機を世に出す

津《つ》田《だ》米《よね》次《じ》郎《ろう》

（1862〜1915）

繊維産業の革新を全国へ

現在の金沢市野町に生まれる。父は明治初期の尾山神社神門や金沢製糸場の建築で知られる津田吉之助である。父から建築や機械製作技術を学び、繊維産業の効率化を図る動力織機の発明を志した。

１８７８（明治11）年に京都で織機と製図の手法を学んだ。２年後の80年には木綿の力織機の開発に成功する。トヨタ自動車の前身である豊田自動織機を創立した豊田佐吉に先んじる快挙であった。

続いて絹の力織機化に挑むが開発は困難を極めた。開発期間中は、資金面で幾度となく苦境に立たされ、困窮にあえぐほどだった。同郷の実業家・水登《みずと》勇太郎の支援を受け１９０１（明治34）年、水車を動力とした「津田式動力織機」を発明。翌年の内国勧業博覧会で３等賞を受けた。その後も品質の向上を目指して亡くなるまで改良を続け、繊維産業の革新を全国に広げた。

甥《おい》が「津田駒」を起業

１９１１（明治44）年、甥《おい》の津田駒次郎が力織機の製作会社・津田駒次郎工場（現・津田駒工業）を金沢で起業、「繊維王国」石川県の発展につながる。

34

在京石川県人の世話役

早川千吉郎《はやかわせんきちろう》

(1863~1922)

三井銀行の専務理事にも

現在の金沢市東山に生まれる。帝国大学法科大学(現・東大)に在学中、前田侯爵家によって旧藩領出身の学生向け寄宿舎「久徴館《きゅうちょうかん》」が発足し、舎監《しゃかん》に推薦された。鈴木大拙や安宅弥吉など多くの学生が寄宿舎を利用、学生の間では「久徴館の顔」として知られ、在京石川県人の世話役として存在感を示した。

大学院修了後は大蔵省に入る。日清戦争の賠償金を受け取り、英国との借款交渉に当たった。井上馨の推薦により、1900(明治33)年には、官界を去り旧三井財閥の三井合名会社に入社する。

翌年、前任者の病死に伴い三井銀行(現・三井住友銀行)専務理事に就く。事務能力・管理能力を買われて銀行と財閥上層部との橋渡し役となった。

預金準備を充実させることで日本銀行からの借り入れに依存する体質を改善するなど事業円滑化に努めた。

青少年育成も支援

1920(大正9)年に貴族院議員となり、翌年には南満州鉄道株式会社総裁となるが、まもなく脳溢血《のういっけつ》で倒れ急逝した。生涯を通して青少年育成や郷土への支援活動を続け、各方面に多額の寄付や資金援助を行った。

35

加賀《かが》宝生《ほうしょう》中興の祖

初代 佐《さ》野《の》吉《きち》之《の》助《すけ》

(1864〜1919)

私財なげうち舞台築く 能楽師の組織化進める

金沢市石引4丁目の石川県立能楽堂は2022(令和4)年、開館50周年を迎えた。記念能では宝生流宗家の宝生和英さんによる「鞍馬天狗《くらまてんぐ》」が演じられ、大きな拍手が送られた。

記念能で「羽衣」を披露した佐野由於《よしお》さんはあらためて曾祖父が築いた原点に思いをはせた。佐野さんが副理事長を務める金沢能楽会のメンバーは約70人。藩政期以来の加賀宝生の伝統を継承することを使命とする。「大正時代に亡くなったので、面識はありません。人づてに話を聞くだけだが、大変な人だったようですね」と加賀宝生中興の祖を語った。

自ら組み立てる

もともとは下駄の鼻緒を扱う問屋の出身だった。決して裕福ではなかった。それでも、私財をなげうって「金沢能楽堂」を築き、能楽師のよりどころ金沢能楽会を組織化したのである。

まずは能舞台を整えなければならない。広坂に築いた能舞台は、なじみの材木商から資材を分けてもらい、

石川県立能楽堂50周年の記念能「鞍馬天狗」＝2022年10月

能「松風」を舞う初代佐野吉之助

自ら組み立てたという。ゆえに「佐野能楽堂」とも呼ばれる。1900（明治33）年に完成した。「正式の舞台だが、白洲《しらす》は青天井、雨の日は吹きこみ、雪の日は凍る」と記録されるなど万全の設備ではなかった。

それでも佐野は舞台なくして能楽の未来なしと踏んでいた。翌年の金沢能楽会の設立趣旨は悲壮である。

「明治維新後は、ものみな改まり、世態《せたい》人情旧を捨て、此道も次第に荒廃衰亡し、旧藩市府においてさえ能楽人が残存するは、わずかにこの金沢あるに過ぎず…」

加賀宝生は加賀藩前田家が手厚く保護していたが、その後ろ盾を失った。佐野は手造りした能舞台を起点に、能楽を愛する人々を開拓し、能楽の「自立」を目指したのである。

佐野は1919（大正8）年4月、金沢定例能の舞台で「松風」を演じている途中に倒れ、そのまま息を引き取った。遺志を継いだ二代目佐野吉之助が1931（昭和6）年に金沢能楽堂を広坂に建てた。佐野能楽堂とは異なり、風雨も吹き込まない。本舞台を譲り受けた県が石引4丁目に移築し、全国初の公立能楽堂として県立能楽堂が開館したのである。

引き継がれる道筋を

金沢能楽会は現在、年10回の定例能、夏と冬の観能の夕べ、毎年秋の北國宝生能を3本柱として活動を続けている。岡能久理事長は後継者育成が課題だとし、「町衆が長く能楽を支えてきた。一つの趣味として引き継がれるような道筋を考えていきたい」と話した。

36

粟ケ崎遊園創設した「材木王」

平《ひら》沢《さわ》嘉《か》太《た》郎《ろう》

（1864～1932）

「浅電」通し複合リゾート

現在の金沢市田井町に生まれる。地元金沢で活躍した実業家で、現在の内灘町向粟崎地内に「北陸の宝塚」と呼ばれ一世を風靡した粟ケ崎遊園を創設したことで知られる。

もともと木挽き職人だった平沢家を継ぐと、家業を材木商「平沢製材所」に発展させ、一代で「北陸の材木王」と呼ばれるまでに会社を成長させた。金沢市議、商業会議員も務めた。

事業展開を進めるうちに平沢は、関西財界の重鎮である小林一三《いちぞう》のビジネスモデルに感銘を受けた。小林は阪急電鉄と宝塚歌劇団を結びつけて相乗効果を上げていた。平沢は金沢でも都市と郊外を結びつける一大リゾート施設を目指す。

6万坪に観光客呼ぶ

1924（大正13）年、平沢はまず金沢と内灘を結ぶ「浅野川電気鉄道」（現・北陸鉄道浅野川線、通称浅電）を設立した。その上で、内灘村に大劇場、遊戯場、動物園、野球場、食堂、旅館などを備えた約6万坪の複合型リゾート施設「粟ケ崎遊園」の建設に着手したのである。翌年に遊園が開業すると、大勢の観光客でにぎわった。29年に浅電も延伸した。平沢の没後も戦時下まで経営は続いた。

37

細胞遺伝学の先駆者

藤井健次郎《ふじいけんじろう》

「遺伝子」の用語を作る 国際細胞学雑誌を創刊

藤井健次郎
（1866～1952）
現在の金沢市出羽町に生まれる。石川県専門学校で関口開から数学を学び、帝国大学理科大学に進学した。1901（明治34）年、ドイツ、英国へ留学して植物細胞学を学ぶ。帰国後東京帝大で日本最初の遺伝学講座を開き、多くの研究者を育成。国際細胞学雑誌「キトロギア」を創刊し、細胞学研究に貢献した。文化勲章受章。

朝ドラ「らんまん」に登場

２０２３（令和５）年に放映されたＮＨＫ朝の連続テレビ小説「らんまん」は、植物学者・牧野富太郎の生涯を題材にした。作中、主人公である万太郎の生涯の友として登場した藤丸次郎は、金沢出身の植物学者・藤井健次郎がモデルの一人である。朝ドラでは大学への出入りが禁止された万太郎を藤丸が激励する場面があったが、実際に藤井が牧野を支援したという逸話がもとになっている。

植物分類学を極めた牧野に対し、藤井は植物学のみならず、細胞遺伝学の先駆者として世界にその名を轟《とどろ》かせた。ニュースなどで耳にすることの多い「遺伝子」は、藤井が研究の中で生み出した用語である。

藤井は大学院時代、金沢駅前にあった寺の持明院《じみょういん》の池に咲くハスを研

見頃を迎えた持明院の妙蓮。若き日の藤井健次郎が研究した。現在は県指定天然記念物となっている＝金沢市神宮寺3丁目

究し、国の天然記念物に導いている。

持明院のハスを研究

研究の結果、持明院のハスは▽花群が二つ以上に分かれてたくさん花をつける▽花弁が1500～3000枚とたくさんあるのは、雄しべが花弁に変化するため▽雌しべがないので実ができない、といった特徴を見出した。

この蓮は妙蓮（多頭蓮）と呼ばれ、持明院のほかには後に全国でも滋賀県の近江妙蓮公園にしか生息していないことが分かった。

植物学会での報告を通じて、持明院の妙蓮は国指定天然記念物となる。持明院は金沢駅前から金沢市神宮寺に移転し、県の天然記念物となったが、7月下旬から8月はじめにかけて開花する妙蓮は今も、金沢の夏の風物詩となっている。

金沢駅前にあった昭和30年代の持明院

二重らせんを報告

藤井は研究一筋。「政治や経済に興味がない」と語るほどだった。特に細胞遺伝学では、藤井研究室が世界的研究拠点となった。

藤井は植物の茎の観察から染色体が二重らせん構造であると報告、没後に事実であることが分かった。

卓越した知見を持ちながらも、研究の成果は論文にしないまま次の研究に移ることが多かった。学位論文も未提出だったが、藤井が編集した理科の教科書が博士論文に相当すると認められ、総長推薦で博士となっ

藤井健次郎の歩み

1866(慶応2)年	現在の金沢市出羽町で生まれる
1879(明治12)年	石川県専門学校に入学
1892年	帝国大学大学院に進学し、持明院の妙蓮を研究する
1895年	帝国大学理科大学の助手となる
1901年	ドイツに留学、ボン大学で植物細胞学を学ぶ
1911年	東京帝国大学理科大学の教授となる
1913(大正2)年	理学博士となる
1920年	遺伝物質を「遺伝子」と名付ける
1926年	「染色体二重らせん構造」を発表
1929(昭和4)年	国際細胞学雑誌「キトロギア」を創刊
1950年	文化勲章受章
1952年	東京の自宅で死去

門下生と並んだ藤井健次郎（中央）

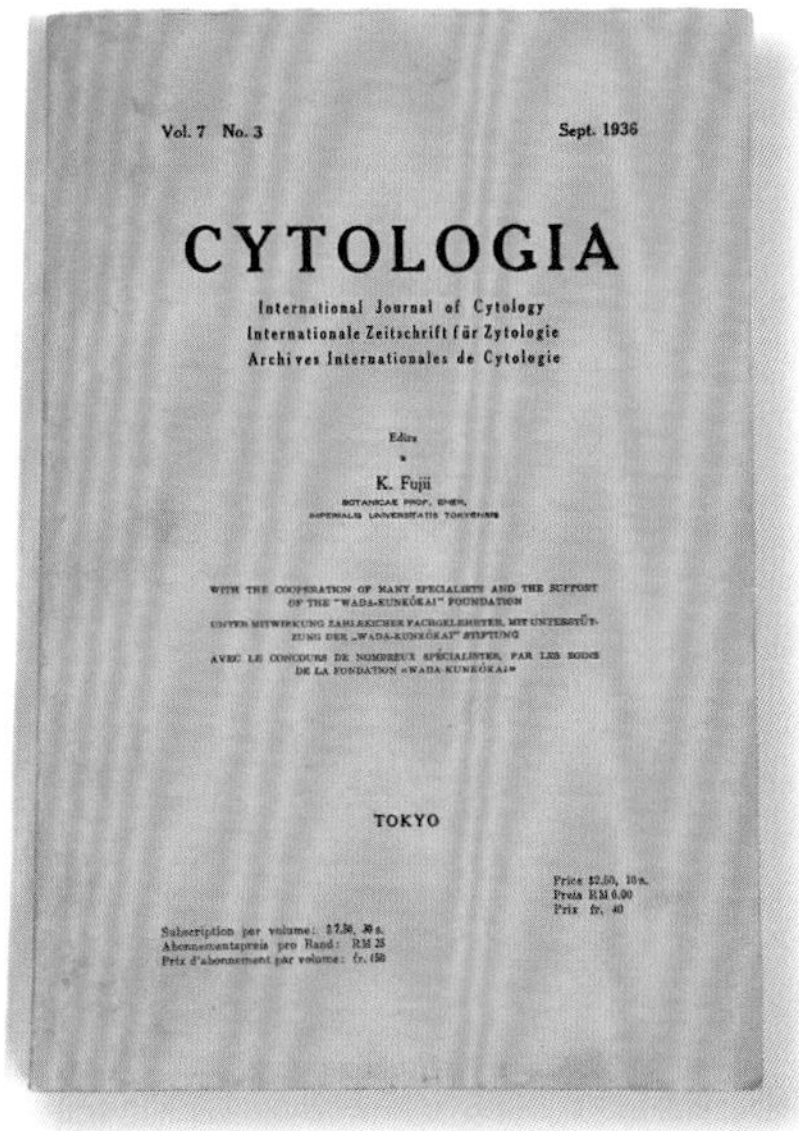

藤井が創刊した国際細胞学雑誌
「キトロギア（CYTOLOGIA）」

ている。学術探求や得られた知識の普及に並々ならぬ情熱を注いだ藤井らしい逸話である。

１９２９（昭和４）年に藤井が創刊した国際細胞学雑誌「キトロギア（CYTOLOGIA）」は、日本初の欧文学術雑誌である。創刊にあたり、自身の研究を一切取りやめて、教育と雑誌の発刊にのみ従事する覚悟で臨んだ。２０１９年に創刊90年を迎えたが、今なお世界中の研究者が論文を投稿している。国際的な成果が評価され、フランスの最高勲章であるレジオン・ドヌール勲章を受けた。

藤井が東京帝大から送り出した一人に、日本最初の女性博士となった保井コノがいる。女子高等師範学校で植物学を研究していた保井は、「女性科学者は不要」という理由で海外留学の機会を得られずにいた。ある日、藤井は海外の著名な学者の前で保井を「国内唯一の女性科学者」と紹介し、米国へ留学できるように取り計らった。帰国後は藤井研究室の嘱託として研究に従事し、博士号を取得している。

「らんまん」の藤丸は「どんなに研究したって無駄になるかもしれない。そんな争いはしたくない」と新種発表や命名には否定的な立場で描かれたが、植物学の研究を大きく広げる役割を果たしたと言えるだろう。

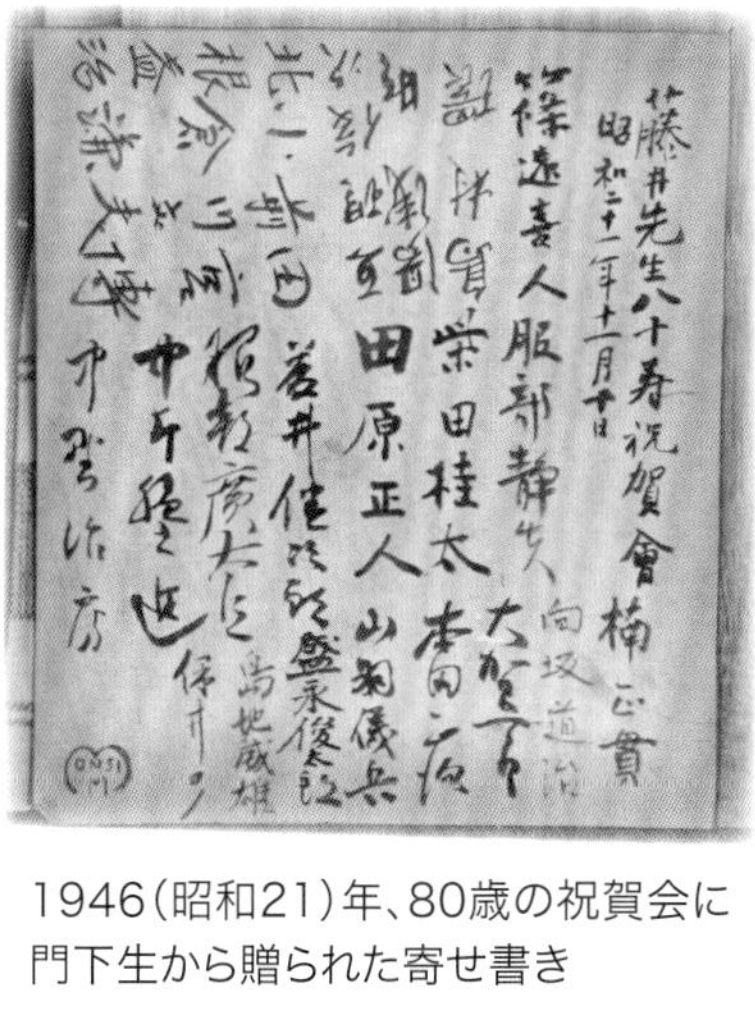

1946（昭和21）年、80歳の祝賀会に
門下生から贈られた寄せ書き

38

関西大学中興の祖

山岡順太郎《やまおかじゅんたろう》

（1866〜1928）

宇奈月温泉を命名、開発「学の実化」説いた実業家

富山県黒部市の宇奈月温泉は2023（令和5）年6月、開湯100周年を迎えた。次の100年へ決意を示す「うなづき宣言」が発表された記念式典で、先人の一人として顕彰されたのが金沢生まれの山岡順太郎だった。関西大学中興の祖として知られる実業家だが、日本電力株式会社の初代社長として黒部川の電源開発の実現に汗をかいた。

一説には「宇奈月温泉」の命名者である。大正時代、現在の宇奈月温泉周辺は桃林が広がる無人の台地だった。上流の黒薙《くろなぎ》から温泉を引くことを計画した山岡は、同じ金沢出身の技師、山田胖《ゆたか》と語らい、宇治や奈良と並ぶ名月の地にしようと、元々あった「うなづき」という地名に「宇奈月」の文字をあてたという。

関西と別府温泉つなぐ

現在の金沢市笠舞に生まれ、郷土の先輩で逓信《ていしん》省に勤務した中橋徳五郎の下で働く。退職して中橋とともに大阪商船へ入社すると、実業家として頭角を現す。特に温泉開発で手

腕を発揮した。関西と大分の別府温泉をつなぐ瀬戸内航路を開拓し、豪

山岡順太郎ら宇奈月温泉の先人への献花が行われた開湯100周年記念式典
＝2023年6月、黒部市芸術創造センター「セレネ」

華客船を導入して温泉ツアーを企画する。これが評判となり別府温泉は全国区の温泉へと発展した。

実業家として、大阪鉄工所会長など30社以上の要職、大阪商工会議所会頭を務め、関西財界の盟主となった。人口増加を続ける大阪では宅地事業による住宅難の解消など、都市開発にも貢献している。

大学昇格に手腕

山岡の識見と手腕を遺憾なく示すのが、「関西大学中興の祖」としての功績である。１８８６(明治19)年に創立された関西法律学校は、１９０５(明治38)年に私立関西大学へと名称を変更したが、法律下では「専門学校」に分類されていた。

１９２２(大正11)年に総理事に選任されると、基本財産の確保、新キャンパスの開設、優秀な教授陣の確保などに手腕を発揮、大学への昇格を果たした。

翌年学長に就任した山岡は学是として「学の実化」を掲げた。「真理の探究」「人格の向上」「学理と実際の調和」「外国語の学習」「体育の奨励」の総称であり、実社会で活躍できる人材の育成を目指した。「深遠なる真理を平易に説き、学理を実際に調和せしめたいというにほかならない」と述べている。実業で培った姿勢と言えるだろう。

関西大学の千里山キャンパスには、当時東洋第一とうたわれた大運動場が設けられ、五輪メダリストの大島鎌吉など多くのアスリートが巣立っていった。

２０２３年には「関西大学フェスティバルｉｎ北陸」が初めて金沢で開かれ、郷土が生んだ山岡の足跡が紹介された。

39

北陸初の本格百貨店経営

井《い》村《むら》徳《とく》三《さぶ》郎《ろう》

（1867〜1932）

金沢初のエレベーター設置

現在の金沢市片町で雑貨商「宮市」を営んでいた宮市三郎の三男として生まれる。金沢の貿易商円《まる》中《なか》孫《まご》平《へい》が横浜で開いていた「中野屋」で13歳から店員として働き、海外貿易の夢を膨らませる。

その後、親戚の井村家の養子となったが、「宮市」を継いでいた兄が亡くなったため19歳で金沢に戻り実家の家業を継ぐこととなった。

洋雑貨、洋酒扱う

明治30年代、鉄道が開通し電灯や電話もつながるなど金沢にも文明開化の波が押し寄せた。

井村は「宮市」を洋雑貨や洋酒を扱える店に衣替えした上で、大正時代の初めには4店舗あった店を統合し「宮市洋物店」をスタートさせた。

東京では「三越」や「松坂屋」など呉服店が百貨店経営に乗り出していたことから、１９２３(大正12)年、京都の「大丸」と手を組み「宮市百貨店」を開業した。

木造洋館4階建てでエレベーターも備えた北陸で最初の本格的百貨店であった。店は発展を続け２０２３(令和5)年に創業１００年を迎えた「大和」となった。

40

明治憲法に殉《じゅん》じた法学者

清《し》水《みず》 澄《とおる》

（1868～1947）

枢密院で最後の議長務める

現在の金沢市東山に生まれる。明治憲法に殉《じゅん》じた憲法学者として知られる。天皇の最高諮問機関であった枢密院で最後の議長を務めた。

帝国大学法科大学仏法科（現・東京大学）を主席卒業した後、内務省に就職。学習院教授や裁判官、枢密院などを歴任し帝国芸術院長も務めた。皇太子時代から昭和天皇に進講（講義）するなど「帝王の師」でもあった。

憲法学者としての特色は天皇の位置付けにあった。清水は「国体は歴史の成果、国民の確信に基づきて定まる」と天皇は憲法以前に厳然と存在していると説いた。天皇を国家の一機関とする憲法学者の美濃部達吉とは学説上対立したが交友が深く、美濃部が暴漢に襲われた時は即座に見舞い、軍部や政治家による憲法の政治利用を危惧し合った。

熱海で投身自殺

戦後、枢密院議長として憲法改正手続きによる日本国憲法制定を見届けたが「天皇制の廃止」を主張する声を国内外で聞き失望。さらに公職追放が重なり、人生の意義を終えたと感じた清水は、遺書と火葬費用500円をモーニングのポケットにしまい、熱海で投身自殺した。

41

金沢に女子教育を拓いた

加《か》藤《とう》 せむ

金城女学校の開校に尽力
愛情あふれる教育者として

加藤 せむ
(1869〜1956)

金沢に生まれ、私立金城女学校(現・遊学館高等学校)を創立して、女子教育に生涯を捧げた。小学校教諭だった父の姿に将来を夢見る。石川県尋常師範学校を卒業後、教諭を経て小原廣吉と結婚。1905(明治38)年、夫とともに「金城女学校」を開校、夫の死後もその遺志を継ぎ、学校の発展に尽くす。市外や地方からの女学生のため、寮をつくり母親のようにして育てた。

2023(令和5)年11月4日午前8時、金沢市本多町2丁目の遊学館高等学校の校庭で、女子生徒が力強く叩く和太鼓が鳴り響いた。「ドン、ドン、ドン」。創立記念日に叩かれる伝統の太鼓で「暁《あかつき》の太鼓」と呼ぶ。

ばちさばきの後、恒例となった校庭などの「自治掃除」が行われた。

「暁の太鼓」は、2代目理事長の加藤二郎が妻とともに1943(昭和18)年、長女のチフスによる病死の供養と校風刷新をかねて学校に寄贈した。「早朝、学校に一番乗りした女子生徒に『自治掃除』の開始を告げ、邪気を払うように威勢良く打ち鳴らしてほしい」との夫妻の願いに由来する。

以来、この美風は毎日続けられた

2023年の創立記念日に「暁の太鼓」を叩く女子生徒＝遊学館高校

が、昭和30年代後半からしばらくの間、途絶えたという。ところが、校舎の片隅にあったくだんの太鼓が見つかった２０１５（平成27）年、「暁の太鼓」は復活した。毎日ではなく、15年は創立記念日から3日間行われ、翌年からは毎年1回、11月4日に行われている。

１９９６（平成8）年に「遊学館高等学校」と校名を変え男女共学となって久しい同校であるが、この日、ばちを握ったのは生徒会長の2年生女子、岡部乃々さんである。「叩いてから清掃を始めるので、みんなが学校をよりきれいにしていけるよう、その意識を高められるような思いをもって力いっぱい叩きました」と岡部さん。参加した約１０0人の生徒は、中庭や校舎の周辺で、落ち葉や空き缶などを黙々と拾い集めた。

この「自治掃除」というのが、創立者の加藤せむが説いてやまなかった「率先垂範」の発露なのである。先生に言われてやるのではなく、生徒が率先して掃除する。これこそが、

普段は応接室にある「暁の太鼓」

明治に金沢で3番目の女学校を、夫とともに創立したせむの大切にした精神であった。

加藤せむは、1869(明治2)年、現在の金沢市小将町に生まれ、幼少の頃、小学校の教諭だった父の姿を見て育ち、いつの頃からか自身も教諭になることを夢見た。22歳にして石川師範学校を卒業し、石川郡美川町小学校教諭となる。24歳の時、加藤家に養子として小原廣吉を迎え、11年後の1904(明治37)年、廣吉とともに、金沢に私塾「金城遊学館」を設立した。当初は女子21人、男子7人の男女共学であった。

それを1年後、せむの発意により、女学校として、その名も「金城女学校」を創立した。新入生は女子65人。「良妻賢母」の女子を教育するのが開校の趣旨であった。ところが、その1年後、最愛の夫・廣吉は死去する。さあ、これからという船出早々、最も身近な大黒柱を失ったのである。

しかし、せむは負けなかった。くじけなかった。2年後に中本多町(現・本多町2丁目)に独立校舎を建設、明治、大正、昭和と金城女学校の充実に専念し、1924(大正13)年に金城高等女学校に昇格した。

明治において、金沢の女子教育の先駆者はいつしか3人の女性と評されるようになった。それは、北陸学

金城女学校時代の運動会の風景

加藤 せむの歩み

1869(明治2)年	現在の金沢市小将町で生まれる
1891年	石川師範学校卒業
1891年	石川郡美川小学校に教諭として奉職
1893年	小原廣吉を加藤家の養子として迎える
1904年	夫廣吉と金沢市に金城遊学館設立
1905年	私立金城女学校を創立
1906年	夫廣吉死去。同女学校事務取扱となる
1908年	中本多町(現・本多町2丁目)に独立校舎建設
1915(大正4)年	金沢市立長町小学校を退職。金城女学校に専心
1931(昭和6)年	金城高等女学校長
1953年	私学振興などで文部大臣賞
1956年	校長職を加藤二郎に譲り理事長兼名誉校長に。藍綬褒章を受章。死去

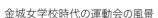

院の前身・金沢女学校創立に夫とともに尽力したイライザ・ウイン、北陸学院を創立したメリー・ヘッセル、そして金城女学校創立の加藤せむであった。

せむが夫廣吉と設立した「金城遊学館」から2024(令和6)年、創立120年の節目を迎える。女学校から始まった学校法人金城学園は今や、白山市に金城大学、金城大学短期大学部および西南幼稚園を擁し、金沢市の遊学館高校とともに発展を続ける。さらには、新たに総合経済学部も新設されようとしている。加藤博副理事長は「学園がどれだけ大きくなっても、〝遊学の精神の涵養《かんよう》〟を核とする教育は変わらない。本学園で学ぶ一人ひとりが、しなやかに伸びやかに育っていくのをしっかりと支援していきたい」と来たる年に向けて抱負を述べた。

中庭に並んだ(右から)加藤せむ、廣吉の銅像

厳粛に行われた創立110周年式典＝石川県立音楽堂コンサートホール

創立110周年に志を一つにした教職員、学生、生徒ら

42

画期的な箔打ち機を開発

三浦《みうら》彦太郎《ひこたろう》

（1869～1939）

省力化と品質向上に貢献

金沢で作られる金箔は日本の生産量の99％を占める。藩政期から城下町で受け継がれた金箔生産に近代、画期的な変革をもたらしたのが三浦彦太郎の箔打ち機の開発であった。

三浦彦太郎は１８６９（明治２）年、金沢市で製箔を業《なりわい》とする家に生まれた。維新とともに江戸の製箔は衰退し、相対的に金沢箔の生産が増加した頃である。

自ら製箔に携わる中で、ほとんど手作業の工程を何とか変えられないか模索する。文明開化に沿えば、箔打ちを機械化できないかと95年、箔打ち機の開発を志した。

電動が変革を促す

明治末、金沢の産物で金箔が、羽二重に次ぐ地位を占め、職人数、生産高ともに右肩上がりの勢いであった。彦太郎は電気を動力とする箔打ち機を発明、試行錯誤を繰り返し、ついに１９１５（大正４）年、電動箔打ち機の開発に成功した。

これが大きなきっかけとなり、19年には生産量が年間４８００万枚、製造業者は１９００人を超えた。35年には卯辰山に「箔業祖記功碑」が建てられ、その4年後、彦太郎は静かに息を引き取った。

43

米山保三郎《よねやまやすさぶろう》

（1869〜1897）

漱石、子規に多大な影響

一高、帝大を出て早逝

加賀藩士で算用者であった米山専造の長男として現在の金沢市野町に生まれた。

16歳で上京、第一高等中学校（一高）に入学し、夏目漱石や正岡子規と同級生になった。当時、建築家を志していた漱石に対し「文学をやれ。幾百年幾千年の後に伝えるべき大作もできる」と説き、漱石は東京帝国大学文科大学英文科（現・東京大学）に進む決心をしている。

子規も、数理、哲学に長《た》けた保三郎との出会いに「四度驚かされた」と回想している。その衝撃は、子規が翌日の野球の試合に出場する元気を失わせるほどだったという。

近代文学史に名を残す2人だが、漱石は「落第」や「文章世界」に、子規は「筆まかせ」に米山を振り返っていることからも、若き日に受けた影響の大きさがうかがえる。

29歳の若さで急逝

米山は帝国大学文科大学哲学科に入学、大学院に進み、空間論を研究したが、1897（明治30）年、急性腹膜炎のため29歳の若さで急逝した。漱石の「吾輩は猫である」に登場する「天然居士」のモデルとされている。

44

Z項で天文学に貢献

木村《きむら》 栄《ひさし》

世界の緯度観測事業をリード 国立天文台水沢の礎築く

木村 栄
(1870〜1943)
現在の金沢市泉野に生まれる。幼少時より神童として知られ、最年少で石川県専門学校に入学。第四高等中学校を首席卒業して帝国大学で天文学を学ぶ。国際緯度観測事業の日本担当として臨時緯度観測所所長に就任。Z項を発見して世界にその名をとどろかせた。緯度観測事業中央局長を14年間務めた。第1回帝国学士院恩賜賞、文化勲章。

2019(令和元)年、世界の研究機関が協力し合い、人類初のブラックホール撮影に成功した。「歴史的な瞬間になる」と世界の研究者が沸き立ったこの国際共同プロジェクトに、国立天文台水沢VLBI観測所が深く携わった。

岩手県奥州市には水沢星ガ丘町という地名がある。国立天文台水沢はこの地で120年以上にわたり先端的な研究を続けてきた。木村栄が初代所長を務めた臨時緯度観測所(1899年)を始まりとする。木村のZ項発見も、国際協力事業がその発端だった。

国際観測で「落第」

水沢に観測所が設けられたのは、

国立天文台水沢VLBI観測所。ブラックホールの撮影に関わった＝岩手県奥州市水沢星ガ丘町

国際的な取り決めによる。19世紀末、地球の緯度変化を調査するため北緯39度8分線に設けた六つの観測所で国際的な緯度観測事業を行うことにした。

当時の日本の観測技術を疑問視して技師の派遣を計画するポツダム中央局に対し、日本の学界は日本人の手による観測の遂行を熱望した。その結果、緯度観測経験のある木村に白羽の矢が立った。木村は臨時緯度観測所の初代所長として水沢で観測に従事するが、その観測記録は中央局から「精度が50点」と落第の烙印《らくいん》を押されてしまう。

木村は進退をかけて原因の究明に奔走し、1年を周期とする謎の変動値を発見する。これをX項、Y項に次ぐ第三の項「Z項」として既存の公式に組み込んだところ、各国の観測精度が向上した。結果、日本の精度が最も高いことも判明した。

世界の常識を覆すこととなったZ項の発見により、木村は世界から称賛される。観測所は国の常設機関へと昇格し、現在に至るまで同地で観測を続けることとなる。第1次世界

木村 栄の歩み

1870(明治3)年	現在の金沢市泉野で生まれる。翌年、木村民衛の養子となる
1887年	第四高等中学校へ編入試験を受けて首席入学
1889年	帝国大学理科大学星学科に入学
1892年	帝国大学大学院に進学
1895年	東京で緯度観測を始める
1898年	万国測地学協会に出席。水沢が万国共同緯度観測所に決まる
1899年	臨時緯度観測所(水沢)の所長となり、観測を開始する
1902年	Z項を発見する
1911年	帝国学士院恩賜賞を受賞
1920(大正9)年	緯度観測所所長、万国緯度変化委員会委員長となる
1936(昭和11)年	英国王立天文学会ゴールドメダルを受賞
1937年	第1回文化勲章を受章
1943年	東京の自宅で死去

大戦後は日本が中央局を受け持つこととなり、木村が局長として世界の緯度観測をリードした。

遺志を受け継いだ職員

ただし、Z項の正体は長らく謎に包まれていた。木村は亡くなる直前までZ項の研究を続けたが、当時の観測方法ではその謎を解明できなかった。木村の死後、太平洋戦争が深刻化する中でも、水沢では緯度観測が続けられた。戦後、公職追放の嵐が吹き荒れる中でも、平和の学問を継続したとして、所長も変わらずに存続することができた。

木村が初代所長を務めた緯度観測所本館は、現在、奥州宇宙遊学館として活用されている

Z項の謎は、木村の遺志を継いだ緯度観測所の職員によって解明される。長年蓄積されたデータやノウハウと科学の発達により、Z項は地球の内部が固体ではなくどろどろとした流体核を持つことに原因があることを突き止めたのである。

水沢の街外れにできた緯度観測所は、やがて水沢のシンボルとなっていく。木村は職員の家族のために幼稚園を創設し、家族総出の職員運動会を開催するなど、福祉や教育にも力を注いだ。

木村は積極的に女性職員を採用し、膨大かつ精密さが求められる緯度観測の精査をお願いしていた。岩手放送は2023年12月から、観測所の女性職員・飯坂タミ子をテーマとしたラジオドラマ「計算の神様」を放送している。飯坂は観測所で働いたことを生涯の誇りとしていたという。

金沢ふるさと偉人館主催の記念講演に立つ国立天文台水沢VLBI観測所の本間希樹所長＝2023年9月、金沢歌劇座

木村の手紙、金沢に

木村は街の行事にも積極的に参加

$$\Delta\phi = x\cos\lambda + y\sin\lambda + Z$$

木村が発見したZ項の公式

し、謡曲の会を主宰するなど水沢の人々と交流を深めた。亡くなる直前には「死んでもいいからもう一度水沢へ行きたい」と切望するなど、水沢を第二の故郷として深く愛していた。

木村家と親交の深かった水沢の実業家・及川藤四郎は、木村の手紙を額に入れて大切に飾っていた。それらの遺品が２０２３年に金沢ふるさと偉人館に寄贈された。藤四郎の娘にあたる寄贈者の及川信子さんは「木村先生の地元金沢に飾ってもらえて両親も喜んでいる」と語る。

宇宙の「飲んべえ」、菓子化

「ブラックホールは究極の飲んべえです。いくらでも飲めるし、絶対に吐かない」。国立天文台水沢ＶＬＢＩ観測所の本間希樹所長は２０２３年、金沢で開かれた講演会で、ブラックホールと向き合った印象をこう説明した。

ブラックホールの可視化に成功したことを記念して、水沢菓子組合はブラックホールをイメージしたスイーツを次々と開発している。本間所長はこれを「ブラックホールの菓子化」と呼ぶ。

観測所時代の歴史資料の保存・活用にも積極的だ。建物は木村榮記念館、奥州宇宙遊学館として生まれ変わり、子どもたちに木村の功績や宇宙の魅力を伝えている。木村が観測を行った眼視天頂儀室《がんしてんちょうぎしつ》も修理が進められている。

水沢の街には「Ｚホール」や「Ｚ」をかたどった校章など、現在も木村の足跡が息づいている。Ｚの街、ブラックホールの街として、国立天文台は水沢と共に歩み続けている。

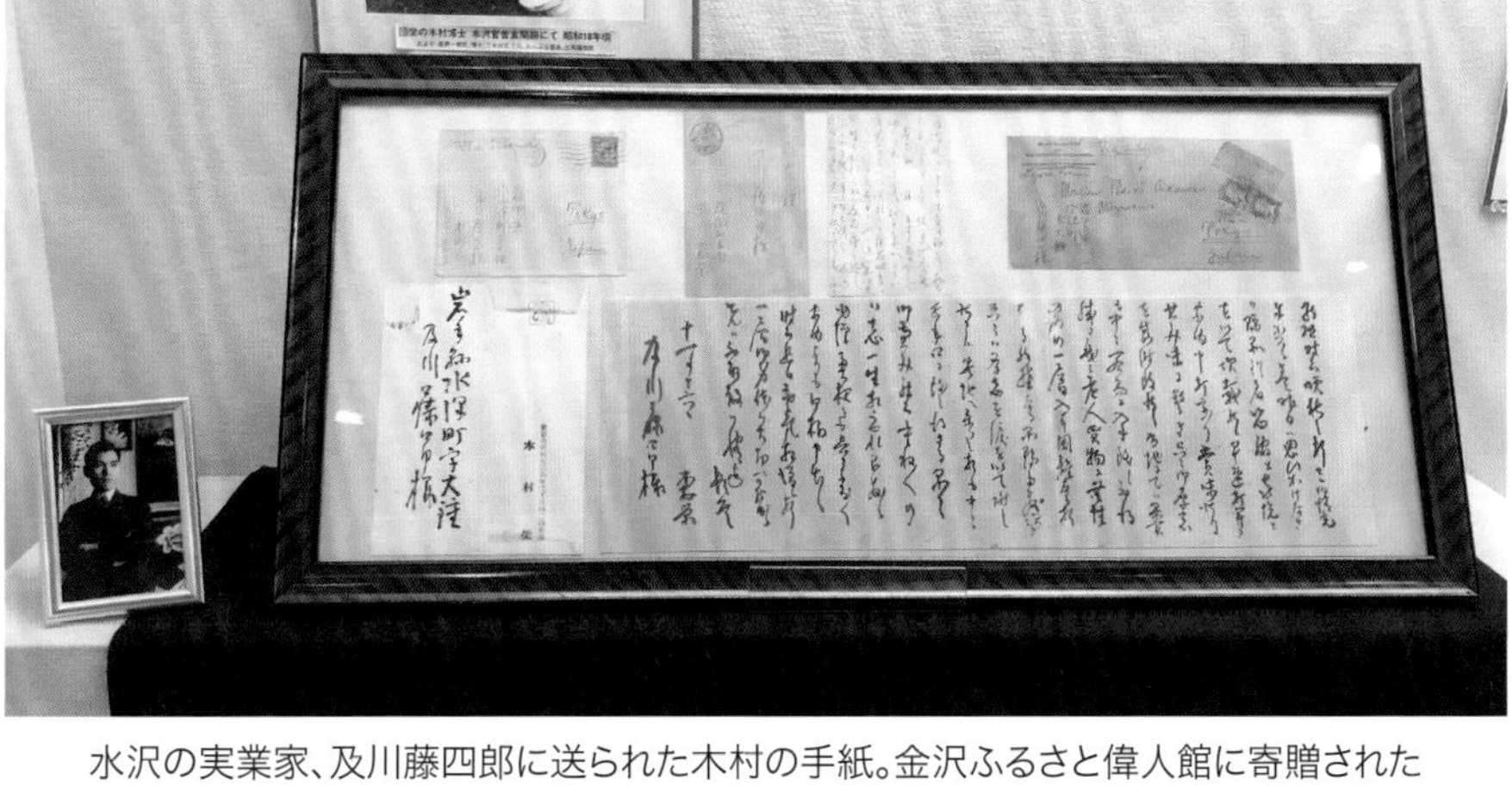

水沢の実業家、及川藤四郎に送られた木村の手紙。金沢ふるさと偉人館に寄贈された

45

世界に禅を広めた仏教哲学者

鈴《すず》木《き》 大《だい》拙《せつ》

思索の館に来館者絶えず
思想は今も世界で反響

知の巨人の館は開館から12年経った。金沢・本多の森の一角にある鈴木大拙館。当初、2万5千人に設定された来館者の年間目標は、2011年度が10月開業と半年間だったことから1万5千人だったが、12年度は3万3582人と軽くクリア、18年度は7万9234人と目標の3倍強を記録した。そして23年度は10月末時点で4万5237人と5万人超えは確実な勢いである。

「いやあ、大変、有難いことですが、うちは観光施設ではありませんのでね」。猪谷聡学芸員は大勢の来館者を心から歓迎しつつも、「にぎわい」とか「ごった返す」のは開館の趣旨に反することを訴える。

鈴木大拙館を造るのに当たり、当

鈴木 大拙
(1870～1966)

金沢市生まれの仏教哲学者。1892(明治25)年上京後、鎌倉円覚寺に参禅。今北洪川と釈宗演に師事し、大拙の居士号を受ける。97年に渡米、イリノイ州の出版社に勤め、「大乗仏教概論」などの英訳本を刊行。1909年帰国。東京帝国大学や学習院で教鞭を執り大谷大学教授にも。戦後は松ヶ岡文庫を設立。49年に文化勲章受章。

(鈴木大拙館提供)

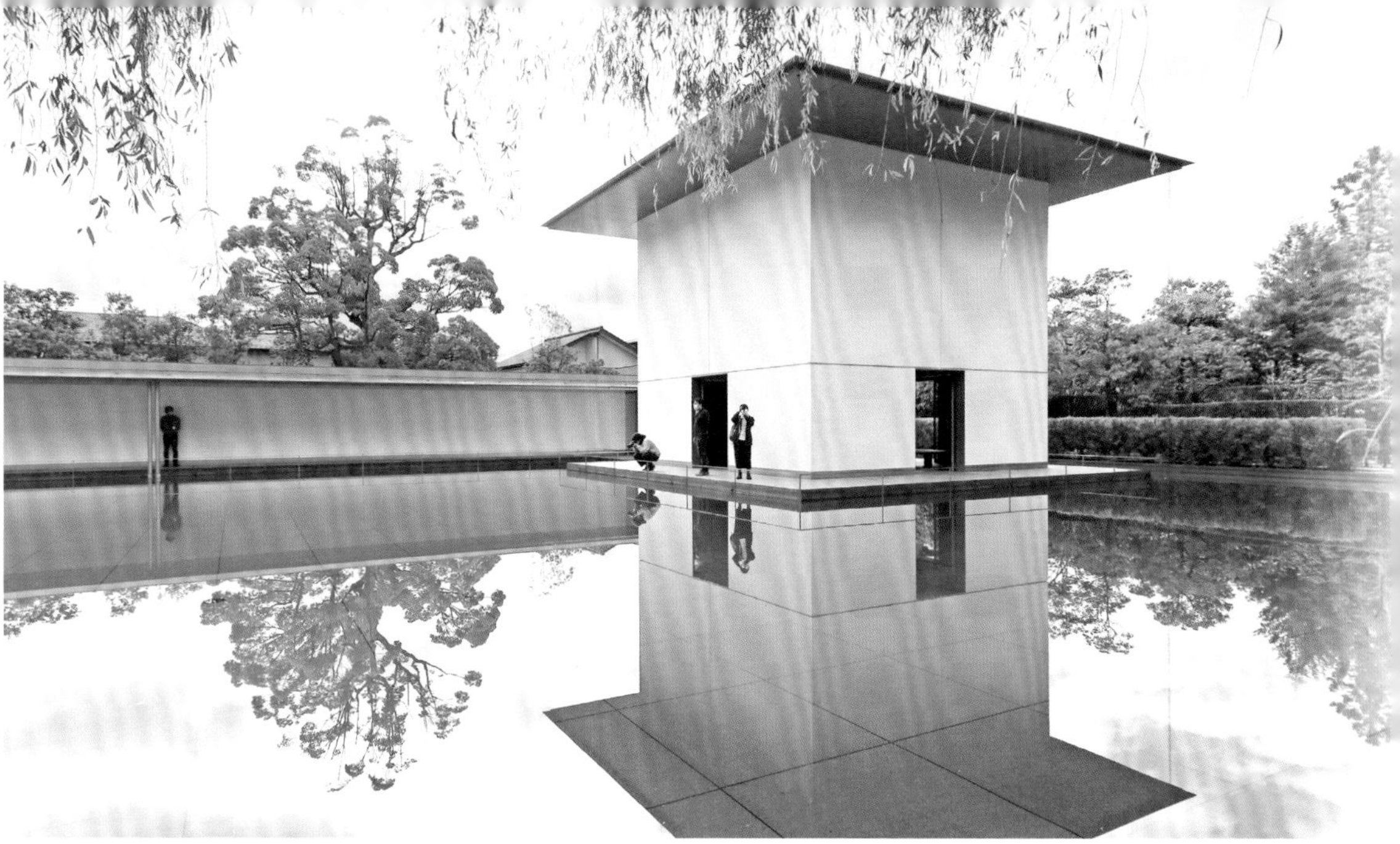

思索空間が広がる鈴木大拙館＝金沢市本多町3丁目

時の山出保市長、設計監理に当たった谷口吉生氏ともに「観光施設にしてはいけない」との基本方針を示した。

　したがって、「展示は、単にものを鑑賞する場とせず、来館者が自由かつ自然な心で鈴木大拙と出会うことにより、そこから得た感動や心の変化を自らの思索に繋げていく」とした。

　基本方針に沿い館は展示、学習、思索の三つの空間で構成。展示空間で配置される書や写真、著作など大拙を真っ直ぐに伝える芯のある資料から大拙を「知る」ことに始まり、学習空間で大拙の心や思想を「学ぶ」ことを通し、さらには思索空間で自ら「考える」ことに至る三つの行動を来館者に起こすことを想定して造られたという。加えて、三つの空間を回廊で結ぶとともに、玄関、露地、水鏡の三つの庭も三つの行動に欠かせない存在である。

外国人増え、3割

　来館者は県民をはじめ日本人が大半であるが、最近は外国人とりわけ欧米人が増えている。特に2023年度、来館者に占める外国人の割合

紅葉にとけこんだ鈴木大拙館

が10月末現在で、29・0%と統計を取り始めた2014年度以降で、最も高い割合となっているのが注目される。この傾向は良いことなのか。猪谷学芸員は「世界に禅を広めた大拙の真価が再評価されつつあるのではないでしょうか。もしかして、海外で、口コミにより館のことが広まっているのかも知れません」と分析する。

沈思黙考するための空間

確かに大拙は生前、海外で「東洋の心」をあまねく説き、「ダイセツ・スズキ」が国内よりも国外でよく知られる風潮が、戦後の一時期見られた。それは、大拙が明治から大正にかけ、渡米して仏教や東洋思想を発信し続けたことに由来する。代表的な著作「禅と日本文化」は国内外で広く読まれた。また、大拙の伴侶となった米国人女性ビアトリス・アールスキン・レーンとの、二人三脚の「伝道」も、世界の思想界に大きな影響を及ぼしたことは間違いない。

「かけがえない存在」

2023年6月、大拙館にとって「かけがえのない存在」である名誉館長の岡村美穂子さんが亡くなった。岡村さんは米国ロサンゼルスに生まれ、1952(昭和27)年、15歳の時、米国コロンビア大学客員教授だった82歳の大拙と出会い、以後、大拙の

金沢市立犀桜小学校で見つかった大拙の書「乾坤只一人」＝鈴木大拙館

1963年に撮影された（右から）岡村美穂子さんと大拙（鈴木大拙館提供）

「与《とも》なる人」岡村さん逝く

逝去までの15年間、常に大拙に付き従って、教えを受けつつ対話を続けた人である。

大拙館の木村宣彰館長は、大拙館たよりの「岡村美穂子さんを偲《しの》ぶ」で、「岡村さんは大拙の『与《とも》なる人』であった。与なる人の岡村さんが『語る』言葉のうちには、必ず生身の大拙が現れるのである。実際に幾度も対談した人は『岡村さん経由の大拙先生の言葉によって仏法の目を開かれた』と語っている」と述懐する。

大拙とビアトリス夫人が眠る野田山墓地。夫妻の墓に隣接して岡村さんの墓が建つ。木村館長によると、岡村さんはその最期で、意識ははっきりしていたが、大拙の教えに従った素直な人柄そのままに、「静かに眠るように命終された」という。

鈴木 大拙の歩み

1870（明治3）年	現在の金沢市下本多町に生まれる。本名・貞太郎
1887年	第四高等中学校本科に入学、中退
1891年	上京。翌年、帝国大学文科大学哲学科入学
1897年	渡米。出版社に勤務。翻訳・通訳を行う
1911年	ビアトリス・アールスキン・レーンと結婚
1921（大正10）年	真宗大谷大学教授となり、89歳まで務める
1945（昭和20）年	鎌倉に松ヶ岡文庫を設立
1949年	渡米。日本学士院会員となる。文化勲章受章
1950年	米国・プリンストン大などで講演。米国在住
1954年	英国、ドイツ、スイスなどで講演
1966年	聖路加国際病院で死去

46

「善の研究」、世界的哲学者

西《にし》田《だ》幾《き》多《た》郎《ろう》

思考の軌跡、ノート修復
悲しみの原点迫る新資料

西田幾多郎
（1870～1945）

現在のかほく市森生まれ。第四高等中学校を中退、帝国大学文科大学選科を卒業後、四高教授として倫理、心理などを教えた。京都帝国大学赴任後、「純粋経験」を手がかりにして、人間存在を掘り下げる「善の研究」を発表した。帝国学士院会員。文化勲章受章。仏教哲学者の鈴木大拙とは終生、親交があった。

水ぬれノート50冊

県西田幾多郎記念哲学館（かほく市）は2021（令和3）年、世界的哲学者である西田の思考の軌跡がうかがえる直筆ノート50冊分の修復を終えて、電子化したデジタルアーカイブを公開した。

2015（平成27）年に東京の遺族宅でノートの束が見つかったものの、ノートは水にぬれ、カビや虫食いで傷み、ページを開くことすらできない状態だった。奈良文化財研究所の依頼でNPO法人「書物の歴史と保存修復に関する研究会」（奈良市）が修復に当たり、丹念にページを切り開いていった。「とにかく根気が途絶えないように取り組んだ」。代表

虫食い状態が残ったノート（県西田幾多郎記念哲学館提供）

修復を振り返る「書物の歴史と保存修復に関する研究会」の板倉さん
＝2021年秋、奈良市内

理事の板倉正子さんは21年秋、こう振り返っていた。

修復が進むと、西田が学生時代にとった受講用ノートが6冊、教師としての講義用ノートが9冊、研究者としての読書・研究ノートが35冊という内訳が分かった。「宝の山」である。一字一句をできるだけ忠実に活字にすることになった。西田による誤記もそのままとし、迷う文字は議論した。合わせて5年を掛けたプロジェクトとなった。ノートを再現したレプリカも作成している。

哲学館の浅見洋館長は季刊「北國

文華」第90号の寄稿で当時を振り返り「鉱石から有用な鉱物を取り出そうとする洗鉱《せんこう》、冶金《やきん》といった仕事に似ているように思う」と記している。近代日本の一線級の研究者が何を考えていたのかを示す貴重なプロジェクトとなった。

修復を終えた西田ノート（県西田幾多郎記念哲学館提供）

オペラも初上演

２０２２（令和４）年1月には西田と金沢出身の仏教哲学者・鈴木大拙の生誕１５０周年を記念したオペラ「禅～ＺＥＮ～」が金沢歌劇座で初めて上演された。鎌倉の円覚寺で修行をするシーンから始まる物語は、近代化に向かう激動の時代、人間の内面に目を向け、いかに生きるかを模索する２人の姿を活写した。

台本は前鈴木大拙館館長の松田章一さん、音楽は渡辺俊幸さん、演出は三浦安浩さんが担当した。オーケストラ・アンサンブル金沢が演奏し、鈴木恵里奈さんが指揮した。２０２３（令和５）年には国民文化祭に合わせて「ｖｅｒｓｉｏｎ２・０」が上演され、１３００人が鑑賞した。

近年、西田についての新資料の「発掘」が相次いでいる。

寄贈資料の中から１９０７（明治40）年に当時４歳の次女を亡くした直後の手記が見つかった。金沢出身の友人である藤岡作太郎に送ったものだった。

「眼が動かなくなって呼吸が切迫」など最期の様子が克明に記され、息を引き取った後は「唯遺骸《ただいがい》を抱いて二時程茫然《ぼうぜん》として居た」と記されていた。

手記を送られた藤岡もこの前年に

西田幾多郎の歩み

1870（明治3）年	現在のかほく市森に生まれる
1887年	第四高等中学校に入学、90年に中退
1891年	帝国大学文科大学選科に入学
1896年	第四高等学校の嘱託教諭（独語）となる。洗心庵の雪門禅師に参禅を始める
1907年	次女の幽子が死去
1910年	京都帝国大学の助教授（倫理学）に就く
1911年	「善の研究」を刊行
1913年	京都帝大教授（宗教学）に。文学博士
1927（昭和2）年	帝国学士院会員
1940年	文化勲章を受章
1945年	死去

オペラ「禅〜ZEN〜」の一場面＝2022年1月、金沢歌劇座

長女を亡くしている。浅見館長は北國新聞社の取材に「西田の『悲哀の哲学』の原点となる貴重な資料。死の意味を整理して見つめ直し、思索を深めるといった哲学的な要素が織り交ぜられている」と指摘した。

　西田にとって、次女の病死は弟の戦死とともに心に刻まれる出来事だったという。身内の死という悲しみが日常から生まれる「純粋経験」の概念につながり、「善の研究」に続く論文の執筆の基礎となった。

父幾多郎、悲しみの手記

友人・藤岡作太郎宛て　4歳娘の死去直後

「遺骸を抱いて茫然」

西田哲学館、親族寄贈資料から発見

「悲哀の哲学」の原点

娘の死への悲しみを物語る新資料の発見を報じる
2023年10月24日付北國新聞

小矢部の教え子に手紙

　2022年には、小矢部市の真宗大谷派西教寺で西田の手紙13点、はがき9点、掛け軸2点と額に入った書1点が確認された。

　西教寺の住職だった木場《きば》了本《りょうほん》は西田の第四高等学校時代の教え子だった。四高教授も務めた木場が亡くなった後、長男に宛てた弔文も見つかっている。

　令和の世も「発掘」が続く新資料によって世界的哲学者の解像度が高まってきている。

47

近代を代表する国文学者

藤《ふじ》岡《おか》作《さく》太《た》郎《ろう》

漱石の書簡、偉人館に
多才さが研究の基盤

藤岡作太郎
(1870〜1910)

現在の金沢市幸町に生まれる。石川県専門学校・第四高等中学校で北條時敬に教えを受ける。1年の休学中に国文学研究の道を志す。帝国大学文科大学卒業後、中学教諭、第三高等中学校教授を経て東京帝国大学助教授となる。「国文学全史　平安朝篇」を刊行し、初めて論文による博士号（文学博士）を取得した。

2022（令和4）年、藤岡作太郎が受け取った夏目漱石の書簡が金沢ふるさと偉人館に寄贈された。

1906（明治39）年9月1日付、和紙の便せん5枚に記された書簡は初期の名作と名高い「草枕」に対する批評への礼が主な内容だった。作太郎は長女をジフテリアで亡くしたばかりで、4人の子を持つ漱石は「小児の病気ほど心苦しいものはない」と思いやっている。2人は東京帝国大学の教員で同僚同士であった。

近代を代表する国文学者である作太郎は漱石のほか、幸田露伴、与謝野鉄幹、佐佐木信綱など当代一流の文化人や学者と交流を深めた。

ひ孫の藤岡幸夫さんは関西フィルハーモニー管弦楽団首席指揮者。1

992(平成4)年にはEU加盟国の若手指揮者に贈られる「サー・チャールズ・グローヴス記念奨学賞」を特例で受賞した経歴を持つ。

学生時代には父から「お前は指揮者にはなれないから、この手紙を一枚ずつ売って生計を立てろ」と漱石からの手紙を見せられたという。寄贈に当たり「あらためて曽祖父のことを知りたくなった」と感慨を述べていた。

幸夫さんの父の知夫さんはレーザー工学者で蝶類学者として活躍。祖父の由夫さんは物理学者だった。

学術的知識のみに頼らず、文化的・芸術的素養も持ち合わせた多才さこそ、作太郎の研究基盤となっている。

特に美術の才は平出鏗二郎との共著「日本風俗史」の挿絵や、代表作「近世絵画史」で遺憾なく発揮さ

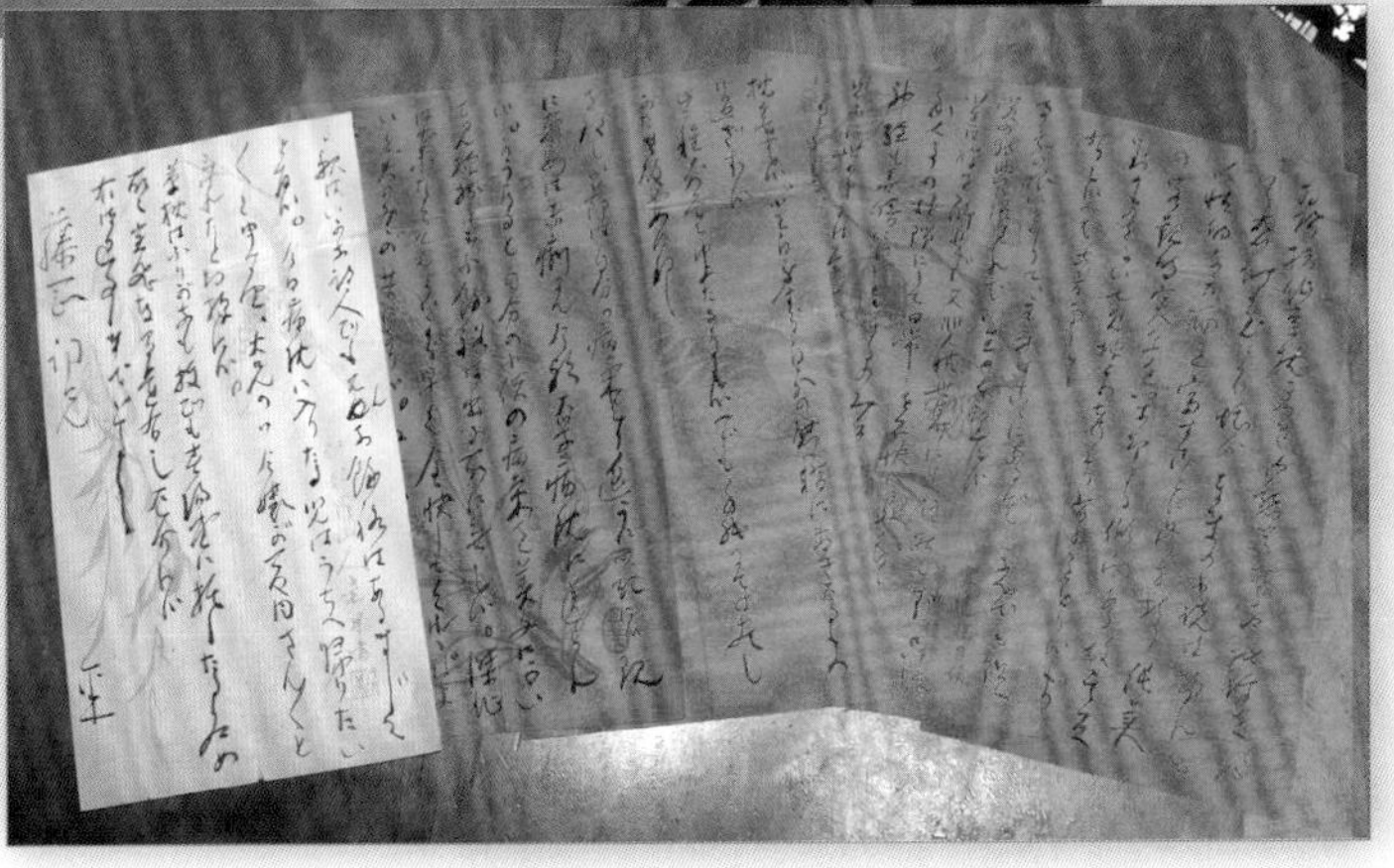

夏目漱石の書簡を寄贈する藤岡幸夫さん(右から4人目)
＝2022年11月

藤岡作太郎の歩み

1870(明治3)年	現在の金沢市幸町で生まれる
1883年	石川県専門学校に入学。在学中、鈴木大拙らと「明治余滴」を発刊
1887年	第四高等中学校に入学。在学中、西田幾多郎らと「我尊会」を結成
1891年	帝国大学文科大学国文科に入学
1894年	「日本風俗史」を発刊
1896年	真宗大谷派第一中学校・大学寮教授に就任
1897年	第三高等学校の教授となる
1899年	「日本史教科書」を刊行
1900年	東京帝国大学文科大学の助教授となる
1905年	「国文学全史 平安朝篇」を刊行。文学博士となる
1910年	東京の自宅で死去

東京帝大助教授時代の藤岡作太郎（右端）

れ、帝展の審査員も務めた。外国文学への造詣も深く、漱石と洋書のことで度々やりとりしている。歴史学にも通じ、日本史の教科書を刊行した。東圃《とうほ》の筆名で「薄曇《うすぐもり》月《つき》橋《はし》物語《ものがたり》」と題した源氏物語を踏まえた小説を北國新聞に執筆したことがある。

「平安朝の一人」になる

作太郎は大学での講義をもとにした大著「国文学全史　平安朝篇《へん》」で、日本初の論文による文学博士となった。本書を読んだ与謝野晶子は、当時の国文学者の中で唯一誇れる学者だと絶賛している。作太郎は「評者みづから平安朝の一人となりて、以てその時代を見る」と語る。日本の歴史、思想、風俗、美術を学び、さらにその文学が生み出された土地の風土に住むことで「平安朝の一人」となる追体験を目指したのである。

京都で暮らし、あらゆる寺社や名所を回り、草木をスケッチし、気候や習慣など様々なことを肌で感じ取り、それを基に「源氏物語」などの文学を研究する。こうした姿勢が説得力を持つ筆致を生み出した。

後に京都帝国大学教授として招かれたが「京都はもう済んだ、今は江戸の研究だ」と教授就任を断っている。

死後を支えた友人

学生時代の作太郎は鈴木大拙や西田幾多郎、木村栄など数多くの偉人と交友を深めた。文学同好会を結成し、雑誌を刊行していた。

作太郎の死後、西田たちが中心となって、遺族へ養育基金を寄付している。そこには金沢の友人たちや職場の同僚、先輩、恩師など大勢の名が列挙されている。いかに多くの人々から敬愛されていたかがうかがえるだろう。

藤岡作太郎の生誕地を示す石碑＝金沢市幸町

48

ハブの抗毒血清を開発

北《きた》島《じま》 多《た》一《いち》

（1870～1956）

（日本医師会提供）

北里柴三郎の右腕として活躍

現在の金沢市池田町に生まれる。伝染病研究に尽力した北里柴三郎の右腕として薬の開発や研究機関の創設に携わり、日本の公衆衛生の発展と医学教育の充実に貢献した。

特筆されるのは1928(昭和3)年にハブ(蛇)が持つ猛毒を無毒化する抗毒血清を開発したことである。沖縄、奄美地方では大正時代、年間250人がハブ毒で亡くなっていたが、血清の開発により多くの人が命をつないだ。北里が創設した慶応義塾大学医学部で長年教鞭《きょうべん》を執り、医学部長を務めた。

師の遺志、受け継ぐ

帝国大学医科大学(現・東京大学)を首席で卒業した北島は反対を押し切り、北里に師事。当時教授陣と対立していた北里の伝染病研究所へ入った。ドイツ留学で最新の伝染病知識を学びながら、血清の製造や研究に従事する。

1914(大正3)年に研究所が内務省から文部省に移管されると、北里らとともに辞職し、新たに設立した北里研究所に移った。北里没後、遺志を受け継ぎ2代目所長に就任、北里が創立した日本医師会の2代会長にもなった。1953(昭和28)年に文化功労者となった。

49

自然主義の代表作家

徳田《とくだ》 秋声《しゅうせい》

子規に共感「俳句に根底あった」没後80年、自筆原稿を公開

徳田 秋声
(1871~1943)
現在の金沢市横山町に生まれる。第四高等中学校では桐生悠々と同級だった。尾崎紅葉門下となるため、中退して小説家を目指し上京した。「雲のゆくへ」「新世帯(あらじょたい)」「あらくれ」などを世に問い、自然主義文学の大家となった。

尾崎紅葉に内緒で

金沢三文豪の一人、徳田秋声は2023(令和5)年、没後80年を迎えた。同年8月17日付の北國新聞朝刊は秋声の新たな一面を報じた。師の尾崎紅葉には内緒で、俳句を巡って師とはライバル関係にあった正岡子規の新聞にこっそりと投句していたことが分かった。

「すよすよと瀧《たき》の前行く蛍かな」など未確認の4句が1896(明治29)年5~7月に、子規の新聞「日本」に掲載されていた。筆名は啣月《かんげつ》。身元が判明しないための工夫と見ることができる。

調査に当たった徳田秋聲《しゅうせい》記念館前学芸員の大木志門さん(東海大教

授）は北國新聞社の取材に対して「秋声は師よりも、写生句を推進した子規を評価していたのではないか」と分析した。

　近代俳句が芽生え、成長していく時代である。自然のありのままを表現しようとした子規の写生理論に対して、俳句を好む紅葉は従来の俳諧《はいかい》が持っている風流、滑稽《こっけい》を重んじていた。

　後に自然主義の代表作家として名をなすだけに、徳田秋声は、師よりもむしろ、子規の主張に共感を覚えていたのではないか。「秋声文学の根底に俳句があったと考えることができる」と指摘した大木さんは同年、初めてとなる「徳田秋聲俳句集」を刊行した。俳句という切り口からさらに人物像が鮮明になってくるかもしれない。

紅葉のライバル　子規の新聞、こっそり投句

秋声 師を裏切る？

大木東海大教授　未確認の句発見

　金沢の文豪、徳田秋声が尾崎紅葉門下時代に詠んだ未確認の俳句が、徳田秋聲記念館前学芸員の大木志門東海大教授の調査で見つかった。紅葉と俳文学上のライバル関係にあった正岡子規の新聞「日本」に掲載され、秋声は身を隠すように普段使わない筆名で投句していた。大木教授は「秋声が師よりも、写生句を推進した子規を評価していたのではないか」とし、後の自然主義作家・秋声の誕生につながったとみている。

　新たに見つかった句は、「すよすよと瀧の前行く蛍かな」など4句で、子規が文学革新の場とした新聞「日本」の1896（明治29）年5～7月に掲載された。句はいずれも「秋声」ではなく「啣月」の名で投句されている。秋声の自伝小説「光を追うて」などから句の存在は想定されていたが、全集などに収録されておらず、これまで発見に至っていなかった。

　秋声は師、尾崎紅葉のすすめで句作に取り組んだ。紅葉は無類の俳句好きで、近代文学史上最初期の俳句結社とされる「紫吟社」を結成、後に結社「秋声会」に加わり、明治の俳句革新運動の一翼を担った。

今回新たに見つかった句

・五月雨や釣鐘《つりがね》覗　蝸牛（明治29年5月30日）
・五月雨の茶殻捨てたり井《せい》のはた（明治29年6月13日）
・すよすよと瀧《たき》の前行く蛍かな（明治29年6月23日）
・教会に鐘うつ夕《ゆうべ》薔薇《そうび》散る（明治29年7月14日）

　秋声は旧制第四高等中学の同級だった桐生悠々に感化されながら、文学修行として句作を継続。ただ、秋声が理想としていた俳人は与謝蕪村、同時代では子規だったという。

「後の自然主義の根底に」

　子規の「日本」派は当時、自然をありのまま描く写生理論を掲げ、近代俳句の革新に取り組んできた。一方、紅葉は風流感や滑稽味など伝統的な表現も重んじる折衷派で、子規と紅葉はライバル的存在にあった。

　子規が選者を務めた新聞「日本」への投句は、師への「裏切り」にも等しく、大木教授は「師・紅葉にははばかって、普段使わない筆名でひそかに投句したのだろう」とみる。秋声が紅葉の文学よりも子規の日本派を評価していたことを示し、「これが後の自然主義作家・秋声につながる。秋声文学の根底に俳句があったと考えることができる」と話した。

初の句集を刊行

　秋声の俳句を集めた初の句集「徳田秋聲俳句集」（龜鳴屋刊）が20日、没後80年を記念して刊行される。大木教授が新出句100以上を含む全310句を集め、秋声の文学と俳句に迫る。19日午後2時から、徳田秋聲記念館で刊行を記念したトークショーが開かれる。

秋声の新出句を解説する大木教授＝部内

徳田秋声が師の尾崎紅葉には内緒で、正岡子規の新聞に投句していたことを報じる2023年8月17日付北國新聞朝刊

自筆原稿が並んだ徳田秋聲記念館の没後80年記念企画展＝金沢市東山1丁目の同記念館

「乳母の里」が公開

　徳田秋聲記念館は没後80年記念企画展として2023年11月、代表作である「縮図」など約35点を公開した。全集未収録である初期の作品「乳母《うば》の里」など貴重な原稿も並んだ。半紙に筆、独特の文字が連なる。新聞などに発表したのか、没になったのかは不明確だという。展示品の3分の1は初公開。記念館の担当者は「秋声が使っていた原稿用紙の変遷も見て取れます」と解説する。

　作品の背景も没後80年でより詳しく見えてきた。蔀《しとみ》際子《きわこ》館長（金沢学院大学文学部長）

によると、近年、秋声の妻・はま夫人の係累に関し、縁者からの情報提供が相次いだ。「夫人から聞いた話を秋声は多く作品化しており、その背景の解明にもつながる」と話した。

「兄の家」は町家ホテルに

秋声文学の舞台も変化を続けている。１９３３（昭和８）年に発表した「町の踊り場」が代表例だ。姉の危篤で故郷へ帰ったものの、臨終には間に合わず、葬儀の夕方に兄の家でもてなしを受ける、という物語である。秋声の作家活動の低迷期からの復活を遂げる作品だった。

「兄の家」は金沢市瓢箪町に町家ホテルとして現存する。一時解体が検討されたが、有志が建物維持を目的にした会社を設立した。築１５０年以上の木造２階建ての武家屋敷を生かし、カフェとしても営業している。秋声が目にしたはずの庭の木々も健在であり、昭和初期の面影をとどめている。

毎年営まれる「秋聲忌」（命日は11月18日）
＝金沢市材木町の法華宗静明寺

秋声が「町の踊り場」で描いた兄の家を生かした町家ホテル＝金沢市瓢箪町

徳田 秋声の歩み

1871(明治4)年	現在の金沢市横山町に生まれる
1888年	第四高等中学校に入学
1892年	学友の桐生悠々と尾崎紅葉の門を叩くが、入門に失敗
1895年	再び尾崎紅葉を訪ね、泉鏡花の助けで門下となる
1896年	初の作品「藪かうじ」を発表
1908年	「新世帯」を発表
1915(大正4)年	「あらくれ」を発表
1939(昭和14)年	「仮装人物」で第1回菊池寛賞
1941年	情報局の干渉により「縮図」中絶
1943年	死去

50

旧制武蔵高校の「創始者」

山本《やまもと》 良吉《りょうきち》

（1871～1942）

スパルタ教育を実践する

現在の金沢市小立野に生まれる。類《たぐい》まれな文才と雄弁さから政治家やジャーナリストになると目されていたが終生、教育者として活躍している。

「三たろう」の親友

西田幾多郎、藤岡作太郎、鈴木大拙（本名貞太郎）の「加賀の三たろう」とは生涯を通じた親友であった。第四高等中学校を教師陣との対立により中退し、西田ら他の中退組と互いに励まし合って勉学に励んだ。若き日の暁烏《あけがらす》敏《はや》も山本から英語を学んでいる。

1922（大正11）年、国内初の7年制私立高等学校「武蔵高等学校」（現・武蔵高等学校中学校）が東京で開校すると、教頭として赴任した。

山本は▽東西文化融合のわが民族使命を遂行し得べき人物を造ること▽世界に雄飛するにたえる人物を造ること▽自ら調べ自ら考える力を養うことを「三理想」として掲げ、20年にわたり同校でスパルタ教育を実践した。

3代校長としての在任中に死去した。亡くなる間際まで教育に尽くし、全国有数の名門校に育て上げたことから、旧制武蔵高校の「創成者」と位置付けられている。

51

地方行政の改革に尽力

井《いの》上《うえ》友《とも》一《いち》

（1871〜1919）

欧州視察で自治を研究

現在の金沢市東山に生まれる。第四高等中学校在学中は藤岡作太郎と主席の座を争ったほどの秀才だった。東京帝国大学法科大学（現・東京大学）卒業後に内務省へ入省。現場での実務を好み、地方改良運動、感化救済事業、青年団の育成など多くの政策を実践した。

地方改良運動は内務省が取り組んだ。日露戦争の影響で財政難に陥った市町村財政の立て直し、人員育成が主眼だった。欧州視察で地方自治の重要性を痛感した井上は、帰国後、全国の地方有力者、篤志家、神職、僧侶などの交流の場を設けて全国ネットワークを構築し、国と地方のパイプ役となった。

多忙な中でも地方自治の研究を進め、社会福祉や都市計画、神社、文化遺産保護、図書館構想、郷土史など、多岐にわたる研究書を著した。

渋沢栄一と交流

1915（大正4）年、第21代東京府知事に就任し、東京府慈善協会を発足させた。内務省時代より進めていた明治神宮が完成する目前、渋沢栄一らとの会食中に倒れ、志半ばで急逝する。都市計画や社会福祉などさまざまな面で協力していた渋沢は早すぎる死を悼んだ。

52

魯山人見出した金沢最後の文人

細野《ほその》 燕台《えんたい》

生誕150年に記念展 日記から浮かぶ広い人脈

伊東深水の下絵寄贈

2022（令和4）年、1枚の肖像画が金沢ふるさと偉人館に寄贈された。美人画で知られる日本画家、伊東深水（1898～1972）が描いた「酔燕台翁《すいえんたいおう》」（石川県立美術館所蔵）の下絵だった。浮世絵の流れをくむ伊東が男性を題材にしたのは生涯でわずか2例という。

生誕150年のこの年、細野燕台の菩提寺《ぼだいじ》である曹洞宗宝円寺では記念展「燕台がつくりあげた金沢の美」が開かれた。軸や扁額《へんがく》、愛用した文《ふ》

細野 燕台
（1872～1961）

金沢の五香屋休哉（ごこうやきゅうさい）に漢学、書家の北方心泉に書を学ぶ。漢学や書に秀で、茶道や書画・骨董に通じた。燕台の号は金沢の街の異称。生涯、酒を愛し自宅の押し入れには常に30本の酒を用意していたとされる。

伊東深水筆による「酔燕台翁」の下絵。金沢ふるさと偉人館に寄贈された

机《づくえ》、酒器が並べられ、「金沢最後の文人」として知られる細野が培った美意識を令和の金沢人に伝えた。孫に当たる蟹江五月さん（神奈川県藤沢市）も訪れ「立派な展覧会を開いてもらい本当にうれしい」と述べた。

茶の湯や古美術、書といった分野に精通した細野は鎌倉に居を設け、昭和を通じて財界や文化人からの相談に乗った。三越百貨店美術部の顧問格として、石川の工芸作家を全国に橋渡しする役割も果たした。

生誕150年で開かれた記念展。細野愛用の品々が並んだ
＝2022年10月、金沢市宝町の曹洞宗宝円寺

年賀状の授受、丹念に

蟹江さんの手元には、細野が残した日記が残る。その数25冊。訪問した人、手紙のやりとりや贈答品のあった人々の名がその日付とともに丹念に記録されている。年賀状を誰に送り、誰から受け取ったか。几帳面な筆致から、幅広い人脈が浮かび上がってくる。金沢ふるさと偉人館による調査も行われ、あらためて人間関係が浮かび上がってきた。

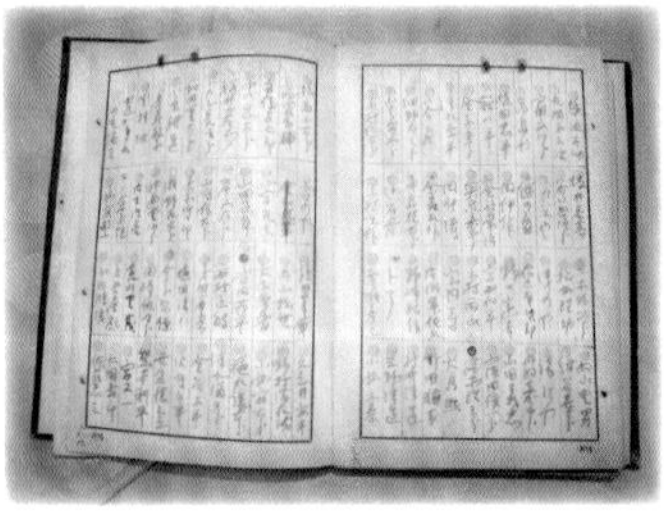

細野の日記。年賀状の贈答を克明に記している

戦後の電力事業再編に取り組んだ実業家の松永安左エ門、阪急電鉄の創業者である小林一三ら財界の実力者をはじめ、金沢三文豪の2人、徳田秋声、室生犀星の名も登場する。松永、小林はそれぞれ「耳庵」「逸翁」の号を持つ茶人であった。細野が多彩な人々と親交を深めていたことがうかがえる。蟹江さんは祖父が残した記録を、ノートに書き写し整理している。

蟹江さん（中央）が見守る中、細野が残した日記を調査する金沢ふるさと偉人館の関係者
＝2022年11月、神奈川県藤沢市

細野 燕台の歩み

1872(明治5)年	現在の金沢市材木町の商家に生まれる。本名は申三《しんぞう》
1880年代	金沢養成学校で学ぶ。同級には泉鏡花、徳田秋声、小倉正恒がいた
1900年ごろ	営んでいた酒屋を廃業してセメントを扱う
1915(大正4)年	福田大観(後の北大路魯山人)が金沢に滞在。陶芸や美食を教える
1918年	金沢美術倶楽部の設立に携わる
1920年	東山の龍国寺で宮崎友禅斎の墓を見つける
1928(昭和3)年	北大路魯山人の招きで星岡茶寮の顧問に就任。鎌倉に移る
1961年	死去

星岡《ほしがおか》茶寮《さりょう》に招かれる

細野には人を見いだす才があった。昭和の総合芸術家として名を残す北《きた》大路魯山人《おおじろさんじん》は、細野によって世に出た最大の傑物であった。

まだ無名だった魯山人の才能を感じ取り、細野はしばらくの間、金沢の自宅に住まわせた。営んでいた骨《こつ》董《とう》店「堂々堂《どうどうどう》」の看板を彫らせ、山代温泉の陶芸家・初代須田菁華《せいか》のもとで陶芸を体験させた。8カ月の金沢滞在は、魯山人が独自の美意識に目覚めるきっかけとなった。金沢を去った魯山人は、東京・赤坂に会員制料亭「星岡茶寮」を建て、その顧問として細野を招いた。鎌倉に居を構えるのは、この縁からである。

時に露悪的な言動で物議を醸した魯山人だが、周りの人間が次々と去っていく中、師匠である細野との縁は幾分ギクシャクしながらも魯山人の死まで続いた。

火除けの伝説

細野は求められて、看板の文字を描くこともあった。2020(令和2)年に閉店した兼六園下の印判店「観広堂廣瀬印房」が細野の筆によるものだった。

細野の文字は伝説も生んだ。1927(昭和2)年、金沢市内で「彦三の大火」が発生し733戸が全焼した。奇跡的に焼け残った家があり、その家は細野の扁額が掲げられていたため、「燕台の書は火除けの書になるかもしれない」と話題になったという。後に東京の三越百貨店で細野による書の展示会が開かれた時に「火除けの書」として飛ぶように売れた。

鳥のような生活

細野は「鳥と同じ生活をするのが人間に一番良い」と言って、朝は4時前に起き、夜8時には就寝した。朝起きると、鎌倉にあった自宅のすぐ脇を流れる小川で水浴、それから自ら七輪に火をおこし、さらに一日分のお茶を茶臼《ちゃうす》でひいた。火がおきるとお酒を燗《かん》にし、ちょびちょびと飲み始める。朝昼晩気が向くままに適度にお酒を飲んでいたようであるが、酔っぱらうことはなかったとされる。

53

東京で私立女学校を創設

三《み》角《すみ》 錫《すず》子《こ》

(1872~1921)

「自由に楽しく学ぶ」モットー

現在の金沢市に生まれた女性である。東京で常盤《ときわ》松《まつ》女学校を開校し、女子教育に足跡を残した。

幼少期に旧加賀藩士だった父が事業に失敗したため金沢を離れ、名古屋、静岡で少女時代を過ごした。

東京女子高等師範学校を卒業すると小学校教員として北海道へ渡ったが、両親を相次いで失い、祖母と幼い弟たちを一人で養うことになった。生活苦に堪えながらも教師を続け、亡き父が願った弟たちの大学進学を実現している。

1916(大正5)年、当時勤めていた東京の女子音楽園の敷地を借りて常盤松女学校を開いた。「みんなが自由に楽しく学べばいい、子どもが持って生まれた天分を伸ばしてあげられる」という考えで、初代校長を務めた。

学校の基礎固めに励むうちに急逝するが、死後も学校は発展を続け、トキワ松学園となっている。2016年に創立100年を迎えた。

先祖は三角測量の名手

三角家は錫子の祖父、庄右衛門が三角測量の名手であり、藩主より「三角風蔵」の名をもらったことにちなむ。家紋はコンパスをかたどる。

美と幻想、ロマンの作家

泉《いずみ》 鏡《きょう》花《か》

ウェブ上に「番《ばん》町《ちょう》の家」を再現
半世紀超え紡がれる文学賞

泉 鏡花
（1873〜1939）
現在の金沢市下新町に生まれる。尾崎紅葉に師事し、1900（明治33）年発表の「高野聖（こうやひじり）」で人気作家となった。代表作に「婦系図（おんなけいず）」「夜叉ケ池」などがある。帝国芸術院会員。書斎での原稿執筆前には御神酒徳利に入れた清めの水を振りまいた。

生誕150年で公開

金沢三文豪の一人、泉鏡花は2023（令和5）年11月4日、生誕150年を迎えた。金沢市の泉鏡花記念館は公式ホームページに、東京・麹《こうじ》町《まち》にあった邸宅「番《ばん》町《ちょう》の家」を再現した。ウサギの耳が付いたマスコットキャラクターが歩き回る仕掛けで、ネット上で「終《つい》の棲《すみ》家《か》」を見て回ることができる。

「番町の家」は太平洋戦争中の空襲で焼失して現存しない。親交のあった作家・里見弴《とん》の手配で撮影された5枚の写真を基に、間取りや家具配置を調査してよみがえらせた。屋内のポイントをクリックすると、収集したウサギの置物などの写真や解説が表示されるようにしている。没後に遺品の寄贈を受けた慶応義塾大学が企画に協力した。

記念館は北國新聞社の取材に「鏡花の生きた証しを後世に守り継いでいくためには、残された資料がどんな意味を持つのか理解してもらうことが重要です。そのきっかけになればいい」とコメントしている。

泉鏡花は生前、「自然主義のやつらが俺に飯を食わせない」と不遇をかこったが、戦後になって再評価が急速に進んだ。泉鏡花記念館の秋山稔館長（金沢学院大学学長）は語る。

「作品を読み継ぐ人がいるからこそ、鏡花は現代に続いていると言えるでしょう。鏡花は50年ほど前に三島由紀夫、澁澤龍彦による再評価があった。現在は、少なくともそこから評価が下がっている、ということはないと思います」

文学賞は半世紀

美と幻想とロマン。泉鏡花の故郷からの再評価は１９７３（昭和48）年に金沢市が制定した泉鏡花文学賞・泉鏡花記念金沢市民文学賞によって紡がれてきた。全国で初めての地方自治体が主催する文学賞であり、２０２２（令和４）年に50回を迎えた。

ウェブ上にイラストで再現された泉鏡花の「番町の家」
（泉鏡花記念館提供）

泉鏡花の生家跡地に整備された泉鏡花記念館
＝金沢市下新町

泉 鏡花の歩み

1873(明治6)年	現在の金沢市下新町に生まれる
1882年	母鈴が死去
1890年	上京し、翌年に尾崎紅葉に入門
1892年	初の作品「冠弥左衛門」を発表
1895年	北國新聞に小説「黒猫」を連載
1900年	春陽堂の社員となり「新小説」誌を編集、同誌で「高野聖」を発表
1907年	「婦系図」を発表
1913(大正2)年	「夜叉ケ池」を発表
1937(昭和12)年	帝国芸術院会員
1939年	死去

満席となった第50回泉鏡花文学賞の授賞式＝2022年、金沢市民芸術村

第51回の授賞式で歌声を響かせる金沢カペラ合唱団

会場となった金沢市民芸術村は満席の文学愛好者の熱気に包まれた。制定50周年を記念して金沢泉鏡花フェスティバルも繰り広げられ、唐十郎《からじゅうろう》さん率いる劇団唐組の公演や記念茶会などが話題となった。

制定当初から選考委員を務める作家の五木寛之さんは同年の授賞式で「鏡花賞がいよいよ成長期から円熟期へ歩みを進める時であり、未来に新しい世界を切り開くことを願っている」とのメッセージを寄せた。2023年の第51回は北村薫さんと朝比奈秋さんが受賞作家の仲間入りを果たし、新たな重みが加わった。

周辺の人物に研究

研究の世界はどうか。秋山館長によると、近年は泉鏡花を取り巻く周辺の人物に前線が移ってきている。例えば同郷の知人、吉田賢龍《けんりゅう》。浄土真宗の革新運動に携わった教育者だが、泉鏡花の「風流線」「春昼《しゅんちゅう》」を読み解くと、吉田を通じた仏教理解、宗教観が見えるという。

これからの研究の進展によって、泉鏡花の人となりへの解像度はさらに高まっていく可能性がある。

55

金石生まれの大実業家

安宅《あたか》 弥吉《やきち》

生誕150年で再び脚光 人づくりに徹した生涯称え

安宅 弥吉
(1873〜1949)

現在の金沢市金石生まれの実業家。安宅産業や甲南女子学園の創設者。大阪商工会議所会頭や貴族院議員を歴任した。同郷の世界的な仏教哲学者の鈴木大拙を親友として生涯支えたパトロンでもある。安宅産業の前身の安宅商会を設立し、郷里の若者に対する給費制度を手掛けて、有為の人材育成に尽力した。

2023(令和5)年4月25日は、金石《かないわ》生まれの大実業家、安宅弥吉の生誕150年の節目だった。この佳節に向けて前々年から、北國新聞社が弥吉の地元・金石の有志らと連携して、「安宅弥吉に学ぶ」プロジェクトを展開した。同社が発行する文芸雑誌「北國文華」の21年秋号から22年秋号まで5回にわたって「安宅弥吉」を連載、22年7月には執筆者らでシンポジウムを開催し、その内容を軸に22年12月、単行本を発刊した。23年4月には弥吉と生涯の友であった金沢出身の仏教哲学者・鈴木大拙とのゆかりの大谷大学など京阪神各地を訪問、6月には遺徳をしのぶ茶会を催して、プロジェクトの幕を引いた。

約330人が弥吉の偉業に理解を深めたシンポジウム
＝北國新聞赤羽ホール

シンポジウム開催、顕彰本発刊

「半世紀ほど前の安宅産業の破綻とともに忘れ去られようとしていた弥吉が、故郷で再び脚光を浴びるとは思ってもみませんでした。今いる親族にとっても光栄の至りです」。弥吉の孫で現在、京都府向日市に在住する安宅光雄氏は、短くも充実した2年余を感慨深げに振り返る。

光雄氏がまさに道を付けたのが「安宅弥吉に学ぶ」プロジェクトであった。20年6月に金沢市金石会館で開催された、弥吉の偉業を顕彰す

安宅 弥吉の歩み

1873(明治6)年	石川郡上金石町に又吉、喜代子の第7子として出生
1888年	第四高等中学校に入学
1889年	高等商業学校入学
1891年	鈴木大拙と寄宿舎の久徴館で出会う。生涯の友に
1895年	東京高商を卒業。大阪の日下部商店に入社
1904年	日下部商店を退社。「安宅商会」を創業
1906年	郷里・金石の学生に給費学生制度を設ける
1919(大正8)年	安宅商会を株式会社に改組、社長に就任する
1920年	学校法人甲南高等女学校（甲南女子学園）を創立
1935(昭和10)年	大阪商工会議所会頭就任。大野湊神社に拝殿寄進
1942年	安宅商会社長を退任、次男重雄が社長に
1943年	安宅商会から安宅産業に社名を変更。退社記念に石川県に200万円寄付。現・県育英基金の原資に
1949年	京都の自宅で死去
1977年	安宅産業が破綻。伊藤忠商事に吸収合併され消滅

甲南女子大学＝神戸市

生誕150年を記念して出版した単行本「安宅弥吉に学ぶ」

る講演会で光雄氏は熱弁を振るった。加えて、弥吉によって郷里の有為の人材のために創設された、給費生制度の恩恵を受けた金石在住の野里智昭氏が、90歳を超えてもかくしゃくとした回顧談を披歴したのである。ちなみに、この制度は地元出身者を中心に安宅商会に雇い入れたり奨学金を拠出したりした育英制度で、明治末から戦後まで200人前後に約17億円を投じた。

金石では、旧町名復活運動が着々と進められ、その中心に立つ鶴山庄市金石町校下町会連合会会長が銭屋五兵衛とともに地元の「二大偉人」とされる安宅弥吉を、3年後の生誕150年に向け顕彰するのは、地域おこしの核になり得ると目論んだ。金石には何かにつけて足を運び、弥吉の事績については「生き字引」の光雄氏は鶴山会長の提案に賛同、鶴山会長が委員長、山出保元金沢市長が名誉顧問、安宅建樹金沢商工会議所会頭が顧問となり、識者らとともにプロジェクト委員会を発足させた。

菩提寺「本龍寺」に開設した弥吉コーナー
＝金沢市金石下本町

菩提寺に顕彰コーナー

委員の中には弥吉の菩提寺・真宗大谷派本龍寺の梅原顕住職、大野湊神社の河崎正幸宮司も名を連ね、本龍寺には「安宅弥吉に学ぶコーナー」

元給費生として金石で今も健在な野里智昭氏（左）と銭谷庄二氏＝北國新聞会館

創立の甲南女子学園も100周年

を新設した。弥吉の偉業を物語るパネルやゆかりの遺品、書簡なども展示してある。大野湊神社でも、近年、鈴木大拙選文の頌徳碑《しょうとくひ》を核とした「安宅緑地」を整備し、拝殿を寄進した恩人を後世に知らしめようとする姿勢を示す。

21年に、弥吉が神戸に創立した甲南女子学園が創立１００周年の記念式典を迎えたのも弥吉の偉業顕彰の節目となった。創立者を讃えるイベントが数々行われ、女子教育の大切さを力説した弥吉の志が今も生きていることを示すとともに、学生、生徒そしてＯＢが思いを新たにした。

学生同士が学び合う

「安宅弥吉に学ぶ」シンポジウムでは、甲南女子大学の学生と、金沢学院大学の学生が先生と共に、弥吉の全人的なすばらしさを学び、共有した。シンポに先立ち弥吉の地元の金石にも足を運び、人を育てることに徹した大実業家の人となりの一端に触れ、実践していくことの大切さを自覚したようだ。

戦後、十大商社にランクされた安宅産業が消えてやがて半世紀。弥吉の偉業が令和の世に輝いた。

「プロジェクトは3年余で終わったのでは決してありません。これをきっかけに語り継ぎ、学んでいく未来形に育てたい。次世代にも安宅イズムが生きていくのが願いです」。鶴山委員長は若者たちに継承のバトンをしっかり手渡す意向である。

56

反骨のジャーナリスト

桐生悠々《きりゅうゆうゆう》

（1873〜1941）

遺品に「源氏物語礼讃歌《らいさんか》」慕う人脈の広がりを示す

2022（令和4）年、「反骨のジャーナリスト」として知られる桐生悠々の遺品から、歌人の与謝野晶子自筆の巻物「源氏物語礼讃歌《らいさんか》」が見つかった。桐生の人脈を示す貴重な資料である。晶子の夫である鉄幹との交友と、与謝野夫妻に短歌を学んでいた政治家の尾崎行雄との縁、二つの入手ルートが考えられるという。

全体主義に傾倒する社会に警鐘を鳴らした桐生は、世間から「国賊」と呼ばれた一方で、多くの人々に慕われた。孤高の論客であったが、決して孤独ではなかったのである。

石橋忍月が橋渡し

現在の金沢市高岡町に生まれ、北國新聞で編集顧問を務めた石橋忍月の橋渡しで、報道の世界を志した。徳田秋声とともに第四高等中学校を中退して尾崎紅葉の弟子入りを目指すが失敗して復学。東京帝国大学法科大学（現・東京大学）卒業後、下野、大阪毎日、大阪朝日、信濃毎日、新愛知の新聞各社に勤務した。

憲法に基づく自由主義を信条と

遺品から見つかった与謝野晶子自筆の「源氏物語礼讃歌」

した桐生は、ファシズムやマルクス主義の台頭と全体主義へ傾倒する社会を批判した。戦線の拡大に伴う政治干渉と統制を強める軍部と利益を優先する新聞社、熱狂的に受け入れる国民へ「自由の権利の護持」を訴えた。

１９３３（昭和８）年、信濃毎日新聞主筆であった時に執筆した記事「関東防空大演習を嗤《わら》ふ」を巡って陸軍と対立する。帝都上空で敵航空機を迎撃するような演習は無意味、そうなったらわが軍は敗北ではないかとの趣旨だった。予言にも等しい内容だった。桐生は退職を余儀なくされ、以降は名古屋で個人雑誌「他山の石」を発刊して「言わねばならぬこと」を発信し続けた。

結果、軍部の監視は強まり、周辺住民から「非国民」とののしられた。不遇の晩年を送り、がんで亡くなる直前に発行した「他山の石」の廃刊の辞では「小生は寧《むし》ろ喜んでこの超畜生道に堕落しつつある地球の表面より消え失せることを歓迎」という激烈な言葉を記している。

80通以上の弔文届く

桐生の死後は、80通以上の弔文が全国各地から桐生家に届いている。安宅弥吉、小倉正恒、林安繁など郷土の友人たちや、芦田均、徳富蘇峰、岩波茂雄など各界の著名人が名を連ねる。大政翼賛を推進した永井柳太郎も長文の弔文を送った。

特高警察の目を恐れ、桐生は友人・知人に迷惑が掛からぬようにと、生前に手紙類を破棄した。さまざまな人々が立場を越えて、その死を悼んだ背景には、桐生の優しさと人徳があったことを物語る。尾崎行雄と行動を共にした政治家、風間礼助は電報で「フデヲモテ　タタカヒヌキシ　タダヒトリ　キミサリユキテ　タレカノコレル」と孤軍奮闘の生涯をたたえている。

桐生の知の源泉となった洋書

57

日本化学工業の父

野口《のぐち》 遵《したがう》

宮崎発祥、旭化成を創業
縁結び金沢マラソン支援

野口 遵
(1873〜1944)

現在の金沢市玉川町に生まれた。生後まもなく東京に移住し、帝国大学を卒業。実業家として化学工業の発展に尽力。熊本県水俣市で日本窒素肥料(現JCN)、宮崎県延岡市で旭化成の源流のひとつである延岡アンモニア絹糸を創業した。日本統治時代の朝鮮半島で発電事業に取り組んだ。晩年、私財を投じて化学研究のための「野口研究所」を設立している。1942(昭和17)年に勲一等瑞宝章。

中学生に講演

2015(平成27)年に始まる金沢マラソンには、旭化成がオフィシャルパートナーとして特別協賛している。金沢出身の創業者で日本化学工業の父とされる野口遵の縁による。

2023(令和5)年には旭化成の小堀秀毅会長が金沢マラソンに合わせて郷里である金沢入りした。「20分ほど、スタートするランナーを応援していました」と話す。金沢市教育委員会の「現代の偉人に学ぶ生き方講座」の一環として、小堀会長が金沢市立緑中学校を訪れ、野口と旭化成を紹介した。「地元のことを知ることでコミュニケーションの輪が広がり、新たな知識を得られる」と

創業者である野口の縁で旭化成が特別協賛する金沢マラソン＝2023年10月、金沢市広坂

生徒に呼び掛けた。

マテリアル、住宅、ヘルスケアの3領域を中心に事業展開をしている旭化成は22年に創業100年を迎えた。

小堀会長によると、旭化成では創業当初から相手の名前を呼ぶ時には「○○課長」といった肩書きをつけずに「○○さん」と呼ぶ。創業以来続いている企業カルチャーで、野口の発案であるという。社員同士のコミュニケーションが密になり事業が円滑に進むようになるそうである。

金沢マラソンで北國新聞社を訪ね、「世界の人びとの"いのち"と"くらし"に貢献していく」と述べる旭化成の小堀会長

旭化成からは2019年、リチウムイオン電池開発で吉野彰名誉フェローがノーベル化学賞に輝いている。世界的な業績が生まれる土壌には、野口が培った礎《いしずえ》がある。

野口遵記念館が開館

2022(令和4)年には、発祥の地である宮崎県延岡市に「野口遵記念館」がオープンした。1955(昭和30)年に建てられた市の公会堂「野口記念館」が老朽化したため、旭化成が市に30億円を寄付し、新たに整備された。

3層バルコニー形式675席のホールを備えた文化施設である。公会堂時代には野口の胸像があるのみだったが、新しい記念館には「野口遵顕彰ギャラリー」が設けられた。延岡が工業都市として発展していく様子を映像やアニメーションで伝える

宮崎県延岡市内で2022年にオープンした「野口遵記念館」。延岡市内では「のべおか新興の母」と位置付けられている（同記念館提供）

一角もある。

野口は、「のべおか新興の母」と位置付けられ、小中学校向けの小冊子も発行されている。最も親しまれる偉人と言える存在である。

化学工業発展のため私財を寄付

野口は晩年、「自分は結局、化学工業で今日を成したのだから、化学方面に財産を寄付したい」と述べた。この遺産が今も生きている。

私財3千万円（現在の約300億円に相当）のうち、2500万円を充て「財団法人野口研究所」を設立した。化学工業の発展のためだった。

この研究所は現在も野口の遺志を継ぎ「公益財団法人野口研究所」として東京都板橋区で活動を続けている。生命現象の根幹に迫るべく研究テーマを「糖質・糖鎖」に設定し先端的研究を展開している。

教育活動にも生かされている。2009年度から、大学などに籍を置く若手研究者の独創的研究を支援するため「野口遵研究助成金」を設けた。14年度からは、新たに「野口遵賞」を創設し、若手研究者を支援している。

野口 遵の歩み

1873(明治6)年	現在の金沢市玉川町に生まれる生後まもなく上京
1896年	帝国大学工科大学電気工学科を卒業、福島県の郡山電灯会社に技師長として就職
1901年	ドイツのシーメンス・シュッケルト社の日本出張所に入社
1906年	鹿児島県で曽木水力発電所を建設
1908年	熊本県水俣に日本窒素肥料株式会社を設立
1921(大正10)年	イタリアでカザレー式アンモニア合成法の特許を取得
1923年	宮崎県延岡に日本窒素延岡工場を新設
1926年	朝鮮半島で鴨緑江支流の電源開発に着手
1937(昭和12)年	鴨緑江で水豊ダムの建設を開始。6年後に完成
1941年	野口研究所を設立
1944年	死去

研究所がある板橋区は、藩政期には加賀藩下屋敷があった場所である。住所も「加賀1丁目」で、近くには区立加賀公園があり、学校やマンションなどの周辺の建物にも「加賀」や「金沢」が入るなど当地とは縁が深い。

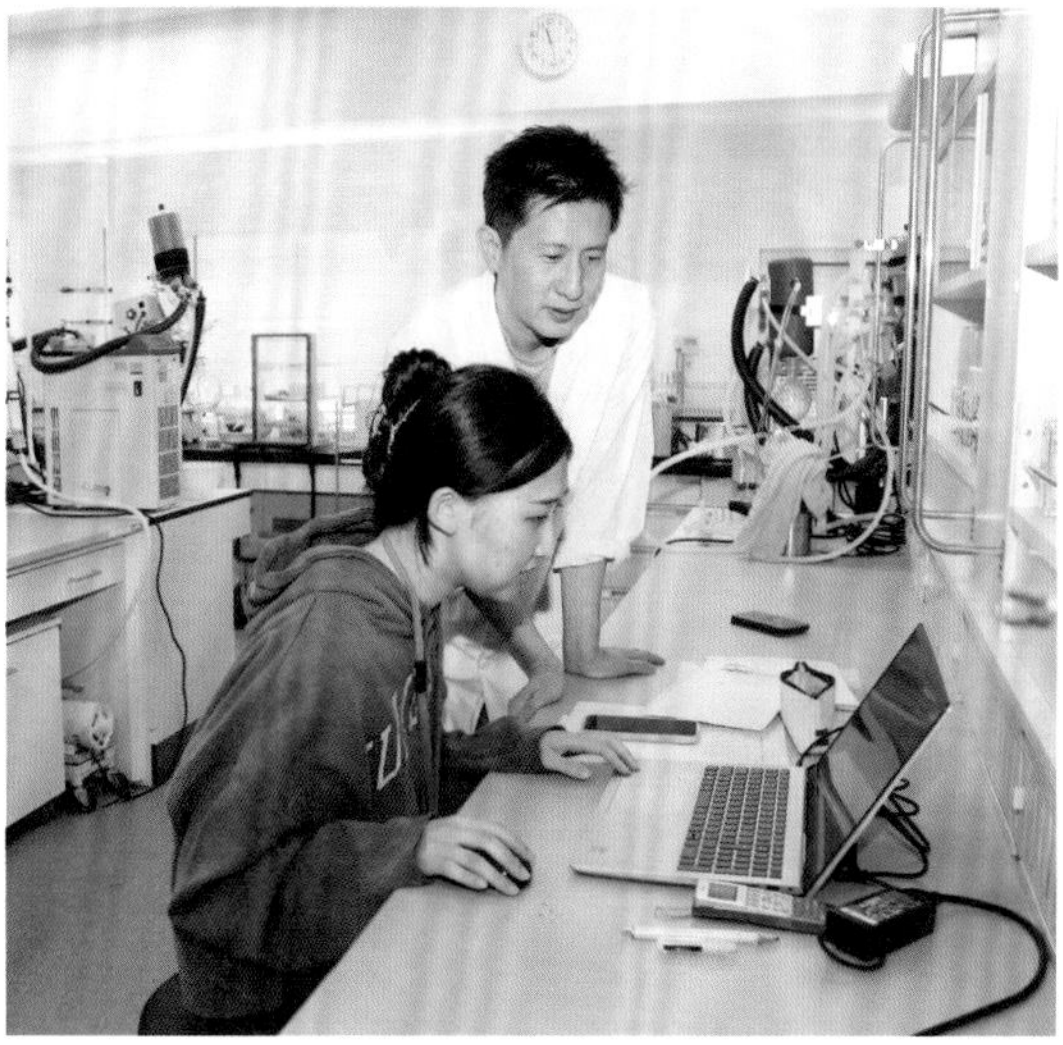

公益財団法人野口研究所の様子。研究所は現在、糖質・糖鎖の先端的研究に取り組んでいる＝東京・板橋

独創的な企業経営

野口は水力発電と化学工業を一体化して事業を展開しわが国の化学工業の基礎を築いた実業家であった。

当時、帝国大学を卒業したほとんどの学生は官公庁や財閥系企業に就職するなか、野口は中央から離れた郡山電灯会社を就職先に選んだ。

水俣や延岡で事業に成功した後も、もっと安く豊富な電気を求めて、日本統治下にあった朝鮮半島で発電事業に取り組む。

鴨緑江支流の赴戦江《ブジョン》に堰堤《せきてい》をつくり、隧道を通して分水嶺を超えて日本海側に水を落とすという発電方式を採用した。川を逆流させる奇想天外な発想に端を発した事業である。

次に造られた水豊ダムは今も北朝鮮で使用されている。

常に科学技術の知見に裏打ちされた新しい構想をもった実業家と言えるだろう。

朝鮮半島で野口が建設した水豊ダム

58

緻密《ちみつ》な考証で県史編む

日置《へき》 謙《けん》

(1873~1946)

東大史料編纂《へんさん》所が「採用」先人の研究を集大成

近年、歴史史料のデジタルアーカイブ化が急速に進められている。東京大学史料編纂《へんさん》所が産学連携事業で開発した自治体史資料検索システム「ADEAC」は、日置謙がまとめた「石川県史」を研究・構築モデルとしている。多様な検索システム構築に必要な情報を兼ね備えていることが「採用」の理由であった。

「石川県史」は日置一人の手によって1927(昭和2)年より7年の歳月をかけて5篇《へん》が刊行された。1世紀近く前に編まれた自治体史がデジタル検索システムのモデルに選ばれた背景には、緻密《ちみつ》な考証にこだわった郷土史家の姿勢があった。

「加能郷土辞彙《じい》」刊行

現在の金沢市暁町に生まれ、森田柿園《しえん》や富田景周《とだかげちか》(1746~1828)とともに「郷土史の三傑」と称される。

第四高等中学校卒業後、全国各地で教鞭《きょうべん》を執った。1905(明治38)年に金沢第一中学校に勤務し、名物教師として知られた。

１９２６（大正15）年に退職し、「石川県史」編纂に専念する。その後も前田侯爵家の依頼で「加賀藩史料」に取り組んだ。また、石川県立図書館長の中田邦造や玉井敬泉らと協力して「金沢古蹟志《こせきし》」（森田柿園著）など郷土史書の刊行に尽力した。

晩年には郷土史研究のバイブルとされる「加能郷土辞彙《じい》」など辞書、史料集、年表を相次いで刊行し、後世の研究に貢献した。

若き日には北國新聞を創刊した赤《あか》羽萬次郎《ばねまんじろう》の勧めで小説も執筆。後には謡曲など芸能関係の著作も出している。

金沢市内の自宅書斎に座る日置

史料第一主義の姿勢

客観的視点から史料を考証する筆致は、お国自慢的な著述が目立った当時の郷土史家では異彩を放った。時には帝大教授による歴史考証を「いい加減だ」と批判することもあった。一貫した史料第一主義の姿勢に基づく信念があった。戦後は進駐軍に郷土史を手ほどきし「プロフェッサー・ヘキ」として尊重された。

日置は伝承が入り交じる郷土史書を、現存史料と突き合わせてひもとく実証的研究を進めた。膨大な史資料を一点ずつ丹念に読み解き、整理し直すことで、先人の業績を集大成する役割を果たした。

粘り強い研究姿勢で残された著書は、郷土がどのような歩みをたどってきたのかを示している。

1927（昭和2）年から編纂した「石川県史」（下段）

59

合理的な農村経営説き全国行脚

山崎《やまざき》 延吉《のぶきち》

（1873〜1954）

「多角形農業」を実践 愛知に「日本デンマーク」

安城市に「デンパーク」

日本を北欧デンマークのような世界的な農業国にする。大正末期から昭和初期にかけて合理的な農業経営に基づく「興村《こうそん》」を愛知県の中央部、安城市で実践したのが、金沢出身の山崎延吉だった。安城市にはその名も「安城産業文化公園デンパーク」という約13ヘクタールの公園が整備されている。「デン」には田園、伝統の意味がある。「日本デンマーク」を目指して奮闘した山崎の理想の一端を伝えている。

山崎は加賀藩士の次男として現在の金沢市石引で生まれた。第四高等中学校ではただ一人農科を志願、その理由を人前で話をするのが苦手であったため「天地を相手に、黙々と

して働いて居ればよい百姓が一番よい」と述べた。

東京帝国大学農科大学を卒業し、愛知県立農林学校（現・県立安城農林高等学校）の初代校長となる。「教育は、勤労主義でなければならない」「教育は、学校のみに閉じ込めておくべきではなく、社会に延長すべきものである」「教育は、環境をよくしていかねばならない」という三つの方針を掲げた。勤労、実践を重んじる愛知県立農林学校の名は短期間のうちに全国に知れ渡った。

山崎延吉の実践により、大正末期から昭和初期にかけて安城一帯は「日本デンマーク」と呼ばれた。この歴史をもとに公園として整備された「デンパーク」（安城産業文化公園デンパーク提供）

農家の持続力高める

特筆すべきは「多角形農業」の実践だった。稲作一辺倒ではなく、養蚕や養鶏と組み合わせれば「三角形」に、野菜を育てれば「四角形」に、そこに果樹が加われば「五角形」、加工品を追加すると「六角形」になる。もし米が不作だったり、農産物価格の変動があったりしても、経営上の危険は分散される。持続力のある農業を山崎は説いたのである。複数の農家が協力しての共同購入、共同販売の仕組みも説いた。

合理的な農業経営の改良を説く講演は全国はもとより、日本が統治していた台湾や朝鮮半島にも及ぶ。

この講演の旅を山崎は「興村行脚」と呼び、多いときは年に200回以上、講演総回数は6000回以上となった。

日本農業の改良と発展を目指し、情熱の赴くままに駆け巡った生涯であった。

安城農林高校には、山崎の胸像が立っている。

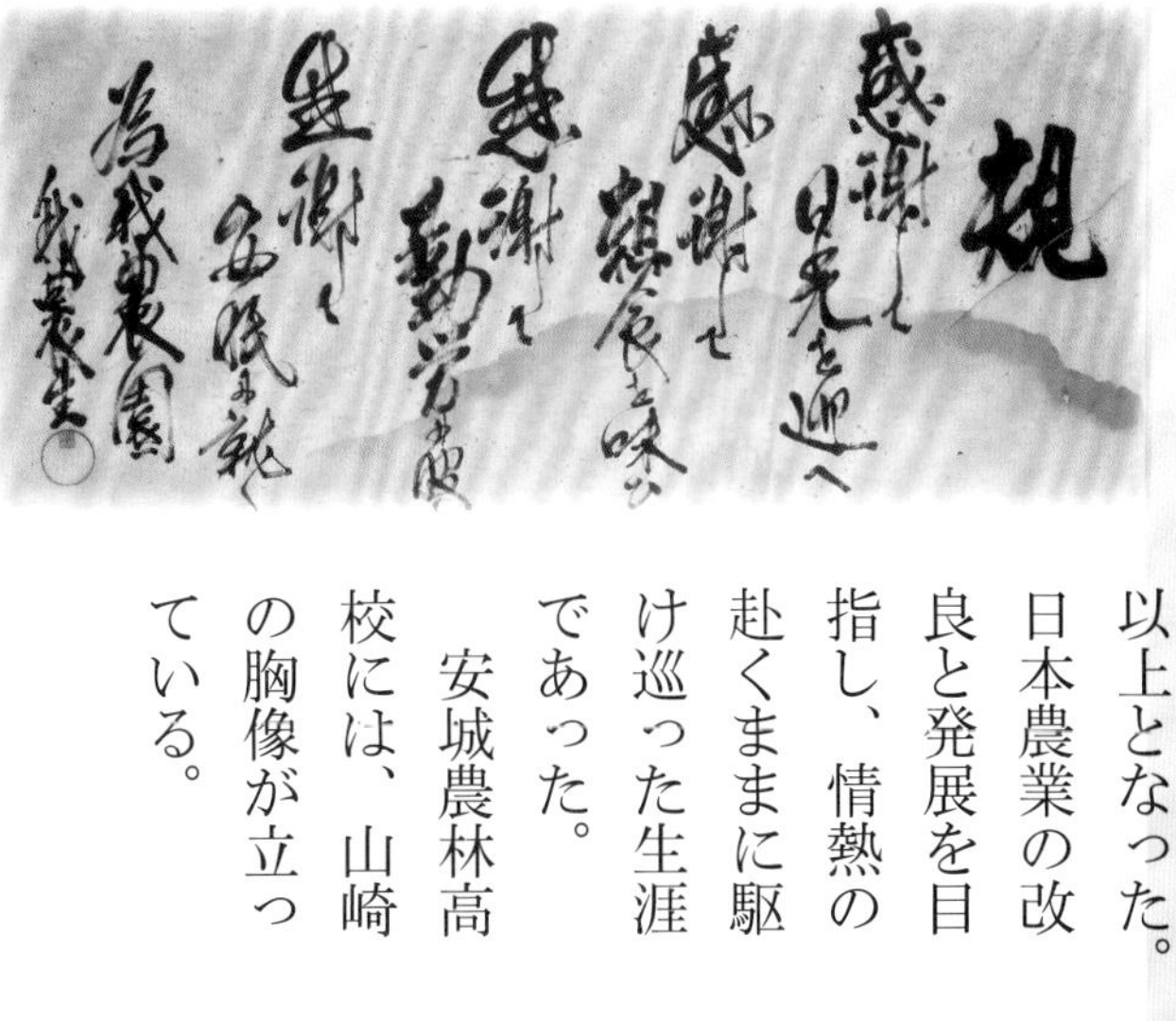

山崎が主宰した「我農園（がのうえん）」に掲げられた「規（きまり）」

60

旧住友財閥の最高経営者

小倉《おぐら》 正恒《まさつね》

（1875~1961）

国務相や蔵相を務める

加賀藩の陪臣小倉正路《まさみち》の長男として現在の金沢市森山で生まれた。第四高等中学校卒業後、先輩であった井上友一のすすめに従って帝国大学法科大学（現・東京大学）に進学する。

大学時代も同郷の先輩であった三宅雪嶺や中橋徳五郎、早川千吉郎らを訪ねて人脈を築いた。帝大卒業後、内務省に入ったが、2年後、旧住友財閥に移った。住友総本店支配人、住友本店理事長などを経て、住友合資会社総理事、すなわち住友財閥の最高経営者となった。

以後10年、住友財閥の総帥として住友の企業経営を徹底して合理化し、本社の株式会社化を実現、グループ各社の株式会社化も行った。1933（昭和8）年から貴族院議員に任ぜられ、さらに近衛文麿に請われて第2次近衛内閣の国務相、第3次近衛内閣の蔵相を務めている。

アジア文化図書館を建設

戦後は、実業界や政界には戻らず、日本の道義高揚とアジア・アフリカとの文化交流に努め、特にアジア文化図書館（現在はアジア・アフリカ図書館、東京都三鷹市）の建設には力を注いだ。

身近に役立つ発明次々

藤《ふじ》本《もと》 吉《きち》二《じ》

（1875～1962）

無色透明のオブラートを開発

現在の金沢市小橋町出身。「街の発明家」として多彩な発明品を残した。日露戦争では看護師として従軍。天津で売られていた数字型のビスケットを見て、帰国後に自宅で製造器の開発を始めた。数字型ビスケットは好評を博し、全国から注文が入った。金沢では森八が販売した。

大正に入ると、オブラートの開発に取り掛かった。元々海外製のものは固いせんべいであり、水に浸してから使用するものだった。薄く柔軟なオブラートは既に日本で発明されていたが、藤本は独自の製法によって、無色透明で柔軟なオブラートを開発する。自身が切り盛りする町工場では大量生産は難しかったため、大阪の藤沢商店に特許権を高額で売却した。

安全な「花はじき」

金属やガラス製のおもちゃの増加に伴い、誤飲による死亡事故が社会問題となった折、藤本はジャガイモのデンプンを素材にしたおはじきを開発した。安全面だけでなく、愛らしい花型にして、飾りにも使えるように穴を空けた。

「花はじき」の製造工場は現在、コーヒーショップになっている。

62

「第2の加賀内閣」率いる

阿部《あべ》 信行《のぶゆき》

（1875～1953）

国際協調外交を模索

1939(昭和14)年、内閣総理大臣に任命された。石川県人としては、林銑十郎《せんじゅうろう》に続く2人目の就任となった。

現在の金沢市石引に生まれる。幼くして父を亡くし東京へ転居した後、再び金沢へ戻り、第四高等学校へ入学。その後は陸軍士官学校から陸軍大学校に進んだ。成績優秀、温厚な性格で、軍部内では秀逸な実務官僚として高い評価を得た。責任感の強さで知られ、二・二六事件後の現役大将総辞職は阿部が言い出したことだった。

阿部内閣には、永井柳太郎ら石川県出身者3人が入閣したことから、林内閣に続く「第2の加賀内閣」と呼ばれた。

組閣直後に第2次世界大戦が勃発する。阿部は昭和天皇の意向に従い、戦争への不介入と日中戦争終結に向けた国際協調外交を打ち出す。しかし、内外の政策は不調に終わり4カ月半で総辞職に追い込まれた。

最後の朝鮮総督に

阿部はその後、特命全権大使として日本が後押しした中国の汪兆銘《おうちょうめい》政権との交渉に当たった。1944(昭和19)年からは最後の朝鮮総督も務めた。終戦後は公職追放となった。

63

石川初の総理大臣

林《はやし》 銑《せん》十《じゅう》郎《ろう》

（1876～1943）

「越境将軍」の異名取る

現在の金沢市小立野に生まれる。陸軍大臣を経て石川県人として初めての内閣総理大臣となった。第四高等学校を中退し、陸軍士官学校、陸軍大学校へ進み、軍人として出世を重ねた。

1931（昭和6）年の満州事変発生時は、朝鮮半島を統括する朝鮮軍司令官だった。事変発生とともに軍中央からの命令を待たずに1個旅団の派遣を決断したため、「越境将軍」の異名を取った。緊急事態での決断力、実行力を示し、林は軍部内で名声を高めることになる。

内閣総理大臣就任は1937（昭和12）年2月だった。石川県出身者3人が入閣したため「加賀内閣」と呼ばれた。ただし、組閣そのものが陸軍内部の派閥争いを背景にした妥協の産物だったため、政権は行き詰まり、在任わずか4カ月で総辞職を余儀なくされた。「何もせんじゅうろう内閣」と揶揄《やゆ》された。

ヘレン・ケラーを招く

ただ外交面では、日本の国際的な孤立からの脱却を図っていた面もある。国際協調派の佐藤尚武を外務大臣に据えたほか、日米親善のためにヘレン・ケラーを日本に招いている。

64

京阪地域に送電網広げる

林《はやし》 安《やす》繁《しげ》

(1876～1948)

関西電力の礎《いしずえ》を築く

現在の金沢市本多町に生まれる。大阪商船を経て、電力事業に取り組み、関西財界で活躍した。

東京帝国大学法科大学に在学中、勝海舟の下《もと》に足繁く通い、葬儀にも参列した。卒業後は同郷の中橋徳五郎が社長を務める大阪商船へ就職した。海外勤務などを経た後、中橋の勧めで宇治川電気(関西電力の前身)に入社。現在の京都府宇治市に設けられた「宇治水力発電所」を拠点に、京阪地域へ送電し、近畿を拠点とする同社を「五大電力」の一角へ成長させていった。1924(大正13)年には宇治川電気社長に就任した。

関西財界では中橋徳五郎率いる「大阪商船閥」の一角として山岡順太郎や堀啓次郎とともに活動した。

山陽電鉄社長、台湾電力社長など多数の企業で重役を歴任した。

三宅雪嶺生家跡を市に寄付

林は地元金沢や郷土の友人たちへの援助を積極的に行っている。同郷の先輩である評論家、三宅雪嶺の生家跡の土地(新竪町3丁目)を所有していたことから、この土地を金沢市へ「三宅雪嶺」の名で寄付した。現在は「三宅雪嶺生家跡」の看板とレリーフが遺《のこ》る。

65

加賀の三羽烏《がらす》の僧侶

高光《たかみつ》 大船《だいせん》

（1879〜1951）

「信は生活に」教義を近代化

豪農の次男として現在の金沢市北間町で生まれる。幼くして同地にある真宗大谷派専称寺の養子となった。浄土真宗の教義の近代化を実践した僧侶である。

清沢満之と出会う

東京巣鴨の真宗大学予科に入学し、校長をしていた清沢満之と出会い、仏教の近代化に大きな影響を受けた。

金沢に戻った後は、改革派の僧侶として「信は生活にあり」と教学の実践に取り組んだ。「直」という言葉を好み、「直《ただ》ちに仏道に参ずる道」「直ちに仏力の実行を試みる道」と説いている。

従来の教義を奉じる門徒からは、「異安心《いあんじん》」（正当な教義に背いた信仰をする）として非難され、門徒総代からののしられるほどだった。

それでも後に「加賀の三羽烏《がらす》」と称された暁《あけ》烏《がらす》敏《はや》、藤原鉄乗《てつじょう》と「旅人社」を結成し、雑誌「旅人」を刊行、講演活動を熱心に続けた。後に雑誌「直道《じきどう》」も刊行している。

4000句ほどの俳句を残した。亡くなった後、専称寺境内には長男の洋画家、高光一也の筆による句碑が建立された。「葬式も通れ菜の花蝶も舞へ」とある。

66

兼六園で「来たり、見たり、敗れたり」

永井柳太郎《ながいりゅうたろう》
（1881〜1944）

普通選挙推進の政治家 演説名手「舌三寸の神技」

選挙とは、国民が政治家を選ぶ仕組みであり、絶えず制度変更が行われた。最近の大きな変化は2016（平成28）年、18歳以上が投票できるようになったことだろう。

納める税金の多寡にかかわらず、1票を行使できることを普通選挙と呼ぶ。日本では1925（大正14）年、満25歳以上の男性に限り、普通選挙が実現している。

推進役となった政治家の一人が、金沢出身の政治家、永井柳太郎であった。「舌三寸の神技」と呼ばれる演説の名手である。

大隈重信が後押し

現在の金沢市菊川に生まれる。東京専門学校（現・早稲田大学）在学中、大隈重信に弁舌の才を見いだされた。卒業後、大隈の勧めで英国に留学し、帰国後は教授に就任する。

大隈の後押しを受けて、永井は1917（大正6）年の衆議院石川県1区に憲政会の新人として出馬する。関西財界の大物で政友会現職の中橋徳五郎が相手だった。

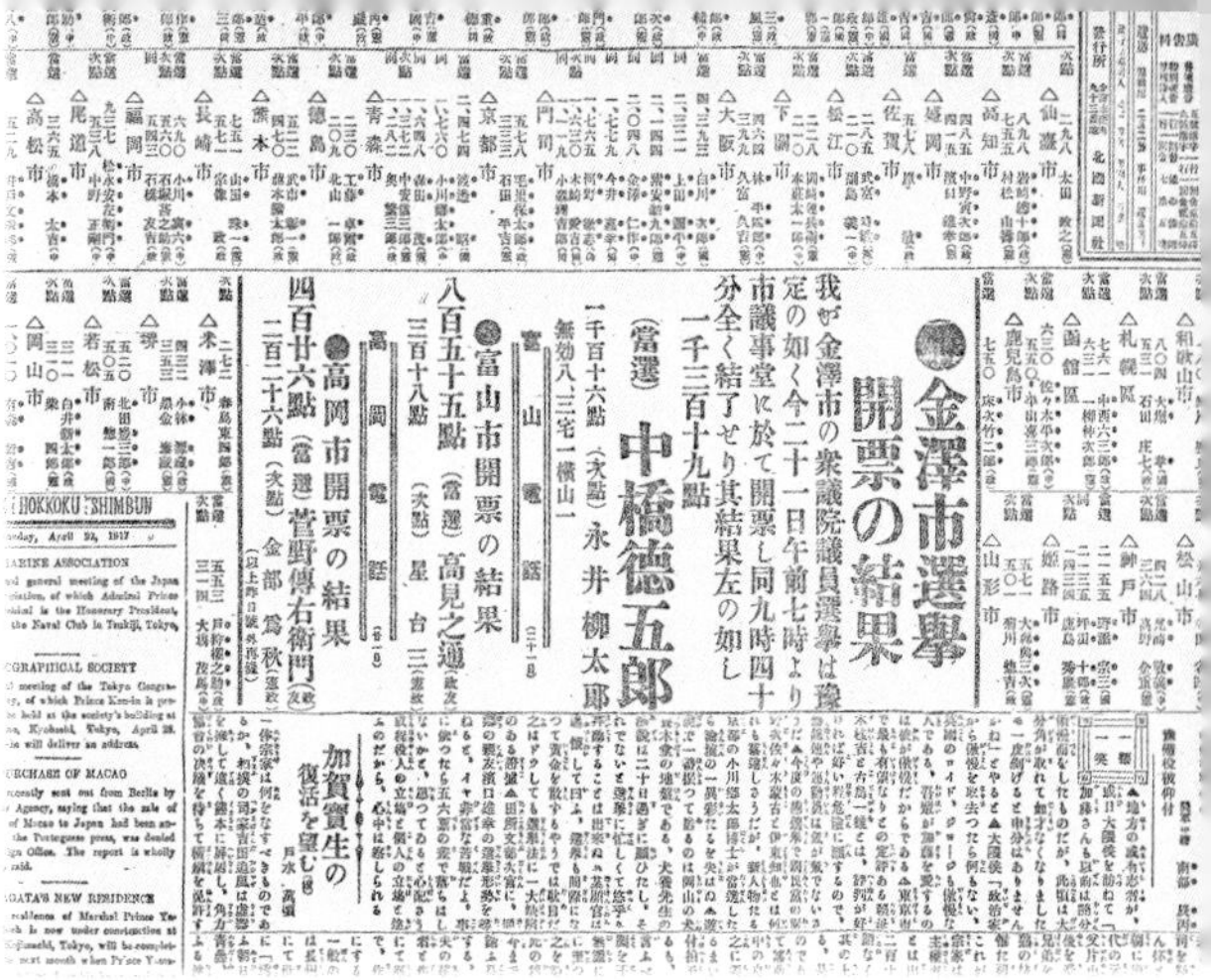
金澤市選擧開票の結果

我が金澤市の衆議院議員選擧は豫定の如く今二十一日午前七時より市議事堂に於て開票し同九時四十分全く結了せり其結果左の如し

一千三百十九點 (當選) 中橋徳五郎

一千百十六點 (次點) 永井柳太郎

富山市開票の結果

高岡市開票の結果

永井が中橋に敗れた衆議院選挙の結果を伝える1917(大正6)年4月22日付北國新聞

接戦の末、中橋1319票、永井1116票で落選した。敗北した永井は兼六園で応援感謝の演説に立ち、ローマの将軍シーザーの言葉「来た、見た、勝った」をもじって、「来たり、見たり、敗れたり」と述べ、名演説として語り草となった。

永井はその後、1920(大正9)年に初当選を果たす。議会で初めて登壇した際には「西にレーニン、東に原敬あり」と立憲政友会出身の首相・原敬の政治を専制的ではないかと痛烈に批判した。代議士としてひときわ力を入れたのが普通選挙の実現だった。本会議では「地に咲く一輪の花といえども、意義なくしてこの世に存在するものではない」と一人一人が選挙権を持つべきと主張した。

大政翼賛会も主導

衆議院議員を8期連続で務め、斎藤実内閣で拓務《たくむ》大臣として初入閣。「第2の加賀内閣」と言われた阿部信行内閣では逓信《ていしん》大臣と鉄道大臣を兼任した。戦時下の大政翼賛会では「富の分配」と「アジアの解放」を掲げ主導的立場にあった。有色人種解放論を唱え、日中提携や植民地自治権を主張している。息子には「政治家はやめておけ」と語るなど、理想と現実の乖離《かいり》に苦悩した。

大日本育英会(現・日本学生支援機構)の設立に尽力し、初代会長となった。幼少時、貧困の中で育ったため、永井の根底には弱者救済の願いがあった。

金沢市菊川2丁目には1940(昭和15)年に永井が創設した「永井善隣館」があり、こども園も併設している。今も園児たちの元気な声が響く。

永井善隣館で交流する地域住民＝金沢市菊川2丁目

金沢市の湯涌江戸村には永井の生家「旧永井家」が移築されている

67

「熱と誠」で会社経営

畠山《はたけやま》 一清《いっせい》

荏《え》原《ばら》製作所の創業者 ポンプ技術を宇宙へ

畠山 一清
(1881〜1971)

現在の金沢市長町に生まれる。能登の守護大名である畠山家の血を引く。同郷の井口在屋の「渦巻ポンプに関する理論」をもとに「渦巻ポンプ」を製作、荏原製作所を創業した。茶人としても知られ、コレクションは畠山記念館で展示されている。発明協会会長も務めた。

ロケット用の電動ポンプ

宇宙ビジネスが本格化する中、荏《え》原《ばら》製作所は、ロケットエンジンに推進剤を送り込む電動ポンプの開発に乗りだした。ロケット用ポンプは1分間に何万回もの高速回転に耐える強靱さが求められるそうだ。1912(大正元)年、金沢出身の畠山一清が「ゐのくち式機械事務所」として創業した同社は1世紀以上培った技術力で今、宇宙を目指す。

同社は一貫して、社会インフラを下支えしてきた。水の給排水、ビルや商業施設の冷暖房や給排気など、多様なニーズに応えるポンプ、送風機、冷凍機、冷却塔を幅広く提供する。経済安全保障の観点から重要性が増す半導体製造に欠かせない各種製品を世界中に供給しているものの、あくまで基盤はポンプである。

東京・羽田空港に近い荏原製作所羽田本社ビルを訪ねると、エントランスには巨大な渦巻ポンプが鎮座していた。吹き抜けの2階部分に達するほどで黒光りしている。

聞けば、１９２１（大正10）年から１９６３（昭和38）年まで東京市下水道浅草田町ポンプ場で活躍した渦巻ポンプだった。口径１１４０ミリ、重さは20トンという20世紀初頭としては異色の大きさである。クレーン設備もない小さな町工場で加工し、組み立てを現地で行うなど苦心の末に仕上げたという。創業者の畠山が掲げた企業理念である「熱と誠」を象徴するモニュメントで、産業遺産学会の「推薦産業遺産」にも認定されている。

「熱と誠」は、畠山の自伝である。非売品であるが、今も荏原製作所に入社した者すべてに配られる。「与えられた仕事をただこなすのではなく、自ら創意工夫する熱意で取り組み、誠心誠意これをやり遂げる心をもって仕事をすること」とある。

社員全員が読むことで「日本の近代化に貢献したい」「社会の課題を

荏原製作所羽田本社ビルのエントランスにある渦巻ポンプ。畠山が説いた「熱と誠」の象徴となっている＝東京・羽田

畠山の著書「熱と誠」。荏原製作所の全社員に配られる

解決したい」という熱意と誠意を原動力とする企業精神の原点となっているのである。

関東大震災で先見の明

畠山がポンプ製造に本腰を入れたころ、東京の水道は淀橋浄水場1カ所だけであった。畠山は東京市民の命をつなぐ水道が、たった一つの水路だけに頼ることに危機感を覚えた。畠山は、東京市長や関係者へ予備設備の必要性を説明したものの予算不足だという。

大正時代、東京の人々の唯一の水源となっていた淀橋浄水場

これでは危うい。畠山は自らポンプ8台を寄付し、新宿に予備ポンプを設置した。1923(大正12)年に関東大震災が起き、市内の水道は完全に止まる。畠山は数名の技術者を派遣し、予備ポンプを運転させた。このため翌日には通水が始まり、火災の拡大、疫病の流行を防ぐ事ができた。この迅速な対応は国内外に広く報道され、日本の水道関係者は高く評価された。

性能比較で国産勝利

大正時代、水道向けポンプは全て外国製であったことから、畠山は国産ポンプの採用を訴え続けた。1925(大正14)年、東京市淀橋浄水場のポンプ取り替えに際し、性能比較の機会を得た。外国製ポンプに引けを取らない性能を証明、価格も3分の1程度であったことから国産の真

畠山 一清の歩み

1881(明治14)年	現在の金沢市長町で生まれる
1906年	東京帝国大学工科大学機械工学科卒業
1910年	国友機械製作所に入社
1912(大正元)年	「ゐのくち式機械事務所」を創設しポンプの設計を始める
1920年	荏原製作所を創立する
1949(昭和24)年	社団法人発明協会会長となる
1957年	全国石川県人会を結成し、会長となる
1964年	畠山記念館が開館。勲二等瑞宝章を受章
1971年	死去

畠山記念館の庭園。記念館は現在、改装中である

価が認められ、以後水道向けポンプの国産化が実現したのである。

茶と能をたしなむ

畠山は事業のかたわら、即《そく》翁《おう》と号して能楽と茶の湯をたしなんだ。長年にわたり美術品の蒐《しゅう》集《しゅう》をしている。

昭和初期には、東京の白《しろ》金《かね》猿《さる》町《まち》（現・港区）に奈良般若寺の遺構や、加賀藩横山家の能舞台などを移築して、私邸「般若苑」を造営した。

さらに苑内には畠山自身の発案により、鉄筋コンクリート造りの近代建築に、日本建築を巧みに取り入れた美術館を建設した。これが畠山記念館である。茶道具を中心に国宝6件、重要文化財33件を含む約1300件の書画、陶磁、漆芸、能装束などの古美術品を所蔵している。記念館は施設改築工事で休館中で、新装オープンは2024（令和6）年秋を予定している。

記念館を運営する「荏原畠山記念文化財団」は産業の興隆と広く文化、芸術、茶道、スポーツの普及活動のほか、科学技術の研究、普及および振興のための援助、育英奨学事業への援助に取り組んでいる。

畠山一清が1963（昭和38）年に建設し、七尾市に寄贈した「七尾城史資料館」。先祖である守護大名畠山家の関連資料を公開している＝七尾市古屋敷町

68

三代目 中島徳太郎《なかしまとくたろう》
（1881〜1955）

市立図書館創設に尽力
金沢で大博覧会を開催

2023（令和5）年に創業160年を迎えた紙卸商、中島商店（金沢市）の3代目社長を務めた。家業隆盛に身を挺《てい》すると同時に、地域や経済界の発展に尽力。金沢市立図書館の創設に多額の寄付をした。

1881（明治14）年、金沢市の上野町（現・小立野3丁目）の長生嘉右衛門の次男として生まれ、15歳の時、十間町の紙卸商、二代目中島徳太郎の養嗣子となった。

結婚後、家業の繁盛に努め、創業からの和紙販売はもとより、洋紙販売の道も開き、中央の販売会社や各地の製紙会社と手をつなぎ、売上高の記録的向上に寄与したのである。

一方で徳太郎は、家業進展はただ、金儲けのためだけでなく、社会のためにとの精神を堅持しながら、社会に恩返しすることを忘れてはいけないと、自分にも社員にも言い聞かせて、努力を惜しまなかった。こうした心構えで、事業経営に尽力。大正末期に加賀製紙社長となった。1927（昭和2）年3月、石川県農業会社社長となり、益々多忙な実業家として活躍した。

１９２６(大正15)年、大正天皇が亡くなり、昭和時代が幕を開ける。昭和天皇の「御大礼記念」で、金沢市が記念事業として図書館建設を計画した。これを耳にした徳太郎は、建設に関わる費用を全額寄付したいと申し出た。その額8万円。現在の約5億円から8億円に相当する大金であった。徳太郎はその後も日本赤十字社や慈善院など、医療や福祉方面にも多大な寄付を重ねた。

徳太郎が建築家の村野藤吾に設計を託して造った自社ビル＝金沢市十間町

徳太郎が寄付した1935(昭和10)年前後の金沢市立図書館の外観(金沢市立玉川図書館所蔵)

29(昭和4)年11月、徳太郎48歳の時、金沢商工会議所の会頭に就任した。世の中は世界恐慌に端を発した不況下にあり、これを乗り切るために、金沢での博覧会の開催が叫ばれた。開催を実現するための先頭に立ったのが徳太郎である。商工会議所挙げて開催に協力する方針を打ち出し、32(昭和7)年、遂に「産業と観光の大博覧会」を開催に導いた。

村野藤吾設計のビル

また、文化面でも貢献し、自社ビルを当代きっての建築設計士、村野藤吾に託し、今なおこのビルで中島商店が稼働している。さらに徳太郎は戦前から戦後の9年間、貴族院議員も務め、１９５５(昭和30)年、74歳の生涯を静かに閉じた。

創業１６０年の今、6代目の中島雄一郎社長が中島商店を継承する。「紙の本来の価値を見直しながら、紙卸商を続け、紙に代わる文化の媒体を先鋭に取り込んでいきたい。紙のリサイクル、自然との調和も着実に推し進める」と近未来への抱負を述べた。

69

金沢で初の夜間中学設立

石原《いしはら》 堅正《けんしょう》

（1884～1979）

「報恩感謝」基調、学びの場

教育に尽くした僧侶

石原堅正は金沢で初めて仏教系幼稚園や夜間中学を、私立学校として3番目となる女学校を設立し、教育に尽くした僧侶である。

南砺市にある浄土真宗本願寺派西光寺住職、迦西霊浄《かさいれいじょう》の三男として生まれ、後に石原家の養子となった。

石原は36歳の若さで浄土真宗本願寺派金沢別院（西別院）の輪番となり、それまで金沢になかった仏教系の幼稚園や昼間、夜間の2部制の中学である金沢高等予備学校を設立した。

この予備校は働きながら学ぶことができる金沢で最初の夜間中学だった。さらに金沢女子学院（現・金沢龍谷高等学校）を開校、女子教育にも力を入れた。

これら学校は「仏教精神、とくに親鸞《しんらん》聖人の「報恩感謝」の心を基調として、高い知性と豊かな情操を養い、健康で有為な青年の育成を目指す」ことを目的とした。

石原は「私が人間として生かされ、生きているという不思議さに感動できる心をはぐくむのが、心の学園です」という言葉を残した。この精神は現在も金沢龍谷高校に受け継がれている。

70

日本の放射化学の父

飯盛《いいもり》 里安《さとやす》

化学遺産「ＩＭ泉効計」新種の鉱物を羽咋で発見

飯盛 里安
(1885～1982)
現在の金沢市小立野に生まれる。東京帝国大学理科大学化学科に在学中、放射性鉱物を分析して放射化学に興味を持つ。理化学研究所創設期から携わり主任研究員を務めた。日本の放射線研究の先駆者であり、ＩＭ泉効計の発明や「アイソトープ」を「同位元素」と翻訳したことで知られる。後年は「飯盛研究所」を設立し、人造宝石の研究に従事した。

温泉業者に普及

２０２２(令和４)年3月、日本化学会は「化学遺産」の一つとして、「ＩＭ泉《せん》効《こう》計《けい》」を認定した。水の中に含まれる放射性元素ラドンの量をアルファ線で測定する装置で、主に温泉での放射能測定に用いられた。持ち運びしやすく、一般人でも簡単に利用できるため、１９３０(昭和５)年ごろに開発されると、健康に良いとされる「ラドン泉」を求める全国の温泉業者を中心に広く普及した。

発明したのは金沢生まれの飯盛里安。「ＩＭ」は英語ではなく、「Ｉｉ Ｍｏｒｉ」の略である。「日本の放射化学の父」とされている。

放射線というと、原発事故や核兵器の印象があるが、身体内部の病巣を外科手術を用いずに焼き切る放射線治療も行われている。飯盛は平和利用による人類の発展の可能性を説いていた。

「栄えよ放射能」

草創期の理化学研究所へ入学した飯盛は、最新の放射化学を学ぶため海外留学する。帰国後は日本の放射化学を充実させるため、測定器の製作に従事した。ＩＭ泉効計はこの時に生み出された一つであった。

測定器は鉱物の探求に用いられた。国内の鉱物の性質については不明瞭な点が多かった。製作した機器を使って国内にある希元素鉱物、放射性鉱物の探査を始めたのである。新種発見の第1号となったのは、羽咋市柴垣町の長手島で発見した放射性鉱物「長手石」だった。

大きな転機が訪れたのは1945（昭和20）年、広島、長崎への原子力爆弾の投下だった。その威力と凄惨さを思い知らされたことで、原子力の平和利用を訴えるようになった。

戦後は再び平和的研究ができるかと思われたが、核兵器開発につながるとして研究の一切を禁じられる。

飯盛は1947（昭和22）年に「栄えよ放射能!!さようなら放射能!!!」の

化学遺産に認定された「IM泉効計」

飯盛 里安の歩み

1885(明治18)年	現在の金沢市小立野に生まれる。高岡に転居
1904年	第四高等学校に入学
1910年	東京帝国大学理科大学大学院に進学
1911年	東京帝国大学理科大学助手となる
1919(大正8)年	「アイソトープ」を「同位元素」と邦訳。イギリスに留学
1922年	理化学研究所主任研究員となる
1930(昭和5)年	「ラドン定量器(IM泉効計)」特許出願
1931年	「放射能測定器」実用新案出願
1945年	帝国学士院賞受賞
1952年	「飯盛研究所」設立、人造宝石の研究をする
1982年	死去

言葉を残し、放射化学からの撤退を決める。原子力時代の到来を予期しながらも、研究に従事することが出来ないもどかしさが込められていた。

理化学研究所に勤務していたころの飯盛里安

人造宝石を研究

戦後の飯盛はこれまでの研究成果を生かし、人造宝石の研究に取り組むようになった。人造宝石とは平たく言えば「自然界に存在しない石」である。石英、長石、方解石など数種類の石を素材に顔料や晶化剤ほかを加え、1400度の熱で8時間かけて溶かす。その後2日かけて冷却していくが、精密な調整が必要となった。

長手島を訪れた飯盛里安夫妻＝1958（昭和33）年

自宅に飯盛研究所を設立し、家族と協力して「メタヒスイ」「ビクトリア・ストン」「キャッツ・アイ」と名付けた宝石を生み出し、主に海外で好評を博した。

人造宝石だけではなく「光る石」「しゃべる石」など、ユニークな石も開発している。ガラクタに見えるものから発明の発想が生まれると考えていたという。

金沢ふるさと偉人館には世界に4個しか存在しない人造宝石「紅葉石」が展示されている。

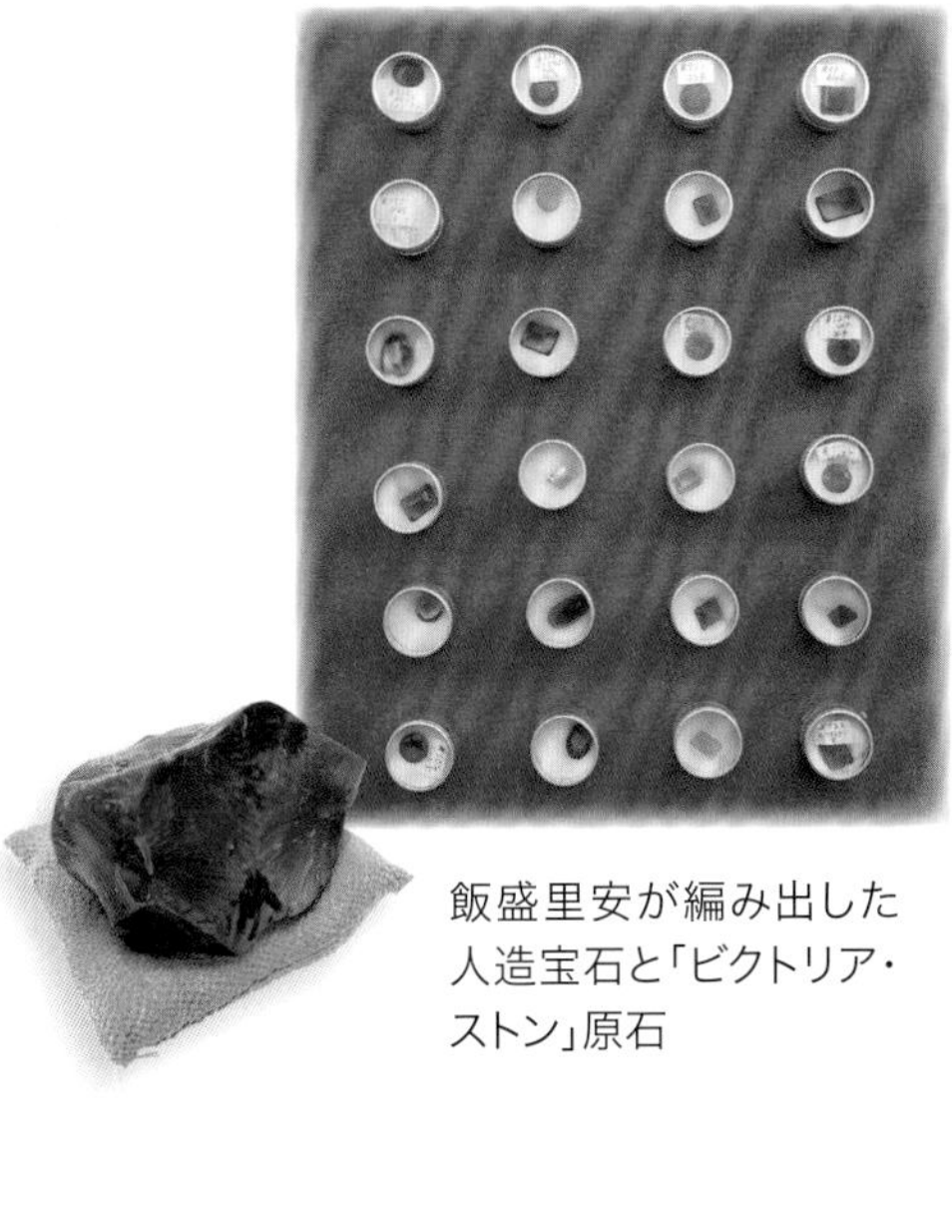
飯盛里安が編み出した人造宝石と「ビクトリア・ストン」原石

71

烏《う》山《さん》頭《とう》ダムを築いた技師

八《はっ》田《た》 與《よ》一《いち》

JAと台南農会が協定
日台の絆のシンボルに

八田 與一
（1886～1942）

現在の金沢市今町生まれ。土木技師として1920（大正9）年から10年をかけて嘉南平野15万ヘクタールを潤す烏山頭ダムと総延長1万6000キロに及ぶ水路を設計し、建設に当たった。ダムは東洋一のダムと称され、農業生産性を格段に向上させた。綿作灌漑計画立案のためフィリピンへ向かう途中、米軍の潜水艦攻撃で死去した。

「技師の功績を契機に」

2023（令和5）年10月、JA石川県中央会は台湾・台南市の農業組合「台南市農会」と交流協定を結んだ。日本統治時代に烏《う》山《さん》頭《とう》ダムを築き、農業発展をもたらした金沢出身の八田與一の縁による。台南で協定書の署名に臨んだ西沢耕一JA県中央会長は「八田技師の功績を契機に、技術や人の交流を盛んにしていきたい」と語った。

JAが海外の農業団体と協定を結ぶのは珍しい。県中央会、台南農会の双方にとって、海外組織との協定は初の試みだった。台湾出身の県人らで組織する県台湾交流促進協会の協力で北國新聞社が橋渡しした。

JA県中央会と台南市農会の交流協定調印式＝2023年10月11日、台湾・台南市内

台南農会のトップ、呉嘉仁総幹事も「市民は皆八田さんの素晴らしさを知っており、石川の農産物を台南で売る上でもアピールになる」と述べた。

ＪＡは県産米のオリジナル品種「ひゃくまん穀《ごく》」など農産品の販路拡大に意欲を示す。台南の主要作物は米、マンゴー、文旦《ぶんたん》、パイナップルなどで年間生産額は約55億台湾ドル（255億円）である。1930（昭和5）年に八田の陣頭指揮で完成した烏山頭ダムと水路網によって生まれた絆は、実利を生み出す関係へと飛躍しようとしている。八田は日本と台湾、金沢と台南の間を結ぶシンボルとなった。今も足跡がしっかりと生きている何よりの証しと言えるだろう。

烏山頭ダムそばに設置されている八田與一像

台南で絵本刊行

ダム着工100年を記念して2020（令和2）年には、地元の台南市が絵本「1930・台湾烏山頭」を刊行した。八田と同郷の画家である伊東哲《さとし》が主人公となり、八田の依頼

台南市政府が刊行した「1930台湾烏山頭」の日本語版

で灌漑《かんがい》施設の絵画制作に挑むストーリーである。22年には日本語版を北國新聞社が制作し、台南市政府が金沢市など県内の教育・文化施設に寄贈した。

物語を執筆した歴史作家の謝金魚さんは、八田の肖像画を描いたことで知られる伊東をあえて主人公にした背景について「人のために尽くし、太陽のように万人を照らした八田與一技師に対し、伊東哲はどちらかと言えば市井の私たち側にいる」と記している。

台湾の教科書にも載る八田の圧倒的な存在感は、周辺人物にも強い光を当てているのである。

記念公園を整備

八田の足跡は21世紀に入り、日台間で急速に浮かび上がってきた。2008(平成20)年には八田を主人公として北國新聞社や虫プロダクションが制作したアニメ映画「パッテンライ!!」が公開された。この年10月、台湾の馬英九総統(当時)と北國新聞社の飛田秀一社長(現・会長)の会見を契機に、3年後の11年に烏山頭ダム近くに八田をたたえる記念公園が

八田與一の歩み

1886(明治19)年	現在の金沢市今町で生まれる
1904年	第四高等学校に入学する
1910年	台湾総督府土木部技手になる。4年後に技師
1917(大正6)年	米村外代樹と結婚
1920年	烏山頭ダムをはじめとする嘉南大圳の建設に着手
1922年	ダム工事現場でガス爆発事故
1925年	ダム工法を巡り米国のジャスチンと論争
1930(昭和5)年	烏山頭ダムが完成
1942年	5月8日、米潜水艦の攻撃で東シナ海で死亡。外代樹夫人は45年9月、烏山頭ダム放水路に身を投げて死去

八田が築いた烏山頭ダム。今も一帯を潤している

整備された。

馬総統は開園式典で「この公園が中華民国(台湾)と日本の新たな歴史の始まりとなることを望む。われわれは台湾に貢献した人に感謝すべきだ」と述べている。

没後80年に当たる2022年には没入型シアターを備えた体験型施設も登場している。

2017(平成29)年4月には、烏山頭にある八田の銅像が損壊されるという事件が発生したが、修復を通じて日台の絆がますます深まった。

児童の絵画を展示

台南の児童が描いた八田夫妻の絵画展が2023年、石川県内を巡回している。開催に尽力した「八田技師夫妻を慕い台湾と友好の会」の西岡祐暢世話人副代表(金沢市)は「現地の方々が技師のおかげで嘉南平野での生活が豊かになり現在の台湾の繁栄につながったと考え、今なお技師を敬愛されておられることに感謝を申し上げたい。」と話した。大切な縁を語り継いでいくことが願いという。

台南の児童が描いた八田夫妻の絵画に見入る台湾からの観光客＝小松空港

72

銅《ど》鑼《ら》人間国宝

初代 魚住《うおずみ》 為楽《いらく》

(1886~1964)

砂《さ》張《はり》の技術と音感に磨き

桶作り職人の長男として現在の小松市大文字町で生まれる。本名は安太郎。大阪の仏具製作所で鋳造の修業を経て、独学で銅鑼《どら》作りの研究を進めた。

大茶人益田《ますだ》鈍翁《どんのう》の求め

銅鑼は茶事で席の準備が整った時に鳴らされる格式の高い道具である。

魚住は帰郷して銅鑼を制作したが、東京美術学校の校長であった正木直彦に認められ、全国に名が知れ渡った。旧三井財閥の大番頭を務めた大茶人益田鈍翁《どんのう》の求めで銅鑼をつくるが、2度まで突き返された。死を覚悟して仕上げた3作目が気に入られ、「為楽」の号を授かった。

1947(昭和22)年、昭和天皇が金沢を訪れた折、八角形の銅鑼「和《わ》鳴《めい》」が天覧の栄に浴した。

銅鑼は銅と錫の合金「砂《さ》張《はり》」から作られる。配合によって響く音色は大きく異なる。魚住は砂張の技術と、音を聞き分ける力の二つを磨き、洗練させた。

1955(昭和30)年、魚住は重要無形文化財保持者、いわゆる人間国宝の第1号に認定された。30人の人間国宝には魚住のほか、松田権六や木村雨山がいた。

73

金沢女子専門学園を設立

赤《あか》井《い》 米《よね》吉《きち》

（1887〜1974）

米国の教育論を実践

現在の金沢市法島町に生まれる。米国の教育者、ヘレン・パーカストが提唱した新しい教育法「ドルトン・プラン」の翻訳を行い、ベストセラーとなった。詰め込み型の教育に対して、一人一人の知的な興味や旺盛な探究心を育てることを主眼とする自由主義教育に徹した。

赤井は全国の小学校・中学校でこうした理論を実践し１９２４（大正13）年には、現在の東京・三鷹市に私立小学校である「明星学園」を設立した。さらにパーカストの来日講演を実現させ、大正期の教育界に大きな影響を与えた。海外視察を通じて、西洋諸国の植民地の過酷な現場を知り、昭和に入ると赤井は次第にナショナリズムに傾倒する。

「愛と理性」を説く

１９４６（昭和21）年、戦後の女子教育のため金沢女子専門学園（現・金沢学院大学）を設立した。園長に就任し「愛と理性」の実践を説いたが、直後に公職追放に遭う。ＧＨＱ（連合国軍総司令部）関係者から除名の申し出があったが、赤井は「戦争協力は事実」として辞退。教育の場から離れ執筆活動にいそしんだ。晩年は幼児教育に携わった。

74

東北帝大で応用化学研究

原《はら》 龍三郎《りゅうざぶろう》

（1888～1968）

（東北大学史料館蔵）

工学部の発展に貢献する

現在の金沢市材木町に生まれる。東京帝国大学工科大学（現・東京大学）応用化学科を卒業後、応用化学者として九州帝国大学、東北帝国大学で教鞭《きょうべん》を執《と》った応用化学者である。東北帝大では草創期の工学部の研究発展に貢献した。

1919（大正8）年、東北帝大に工学部が設置された際に、原は学部創設メンバーとして着任した。

ノウハウや人員が足りない中、原は複数の分野の実験、講義を担当しながら、青化ソーダ製造に関する研究成果を発表して、新興の工学部を教育・研究の両面でリードした。世界的に出遅れていた高圧化学の基礎研究を発展させ、特に原は液体アンモニア溶液の研究で成果を残した。

非水溶液研究所を設立

1931（昭和6）年に工学部長に就任。戦時中、液化ガスの重要性が増大したことで44年には東北帝大内に非水溶液化学研究所を設立し、初代所長となった。同研究所は現在の東北大学多元物質科学研究所につながっている。

戦後の47年に退官した。63年に応用化学と化学教育への貢献から、文化功労者に列せられた。

75

無教会主義の伝道者

藤《ふじ》井《い》 武《たけし》

（1888〜1930）

内村鑑三に弟子入り

陸軍軍人の次男として金沢に生まれた。キリスト教の普及に努めた内村鑑三（1861〜1930）の弟子であり、無教会主義の伝道者となった。

無教会主義とは、内村が提唱した日本独特のキリスト教信仰で、神の言葉は聖書のみで伝えられ、救いは信仰のみによるとする。洗礼など教会の儀式を行わない。

藤井は第一高等学校を卒業後、東京帝国大学法科大学に入学し、そこで内村と出会って聖書研究を始める。卒業後、京都府や山形県で官僚として勤務したが、キリスト教への情熱は捨てがたく、退官して内村の助手として無教会運動を指導する。

のち内村からは独立して「聖書研究会」を組織し月刊誌「旧約と新約」を刊行した。

ミルトンの詩を翻訳

文才がありイギリスの詩人ミルトンの長編叙事詩「失楽園」を翻訳、またみずからこれに模して長詩「羔《こひつじ》の婚姻」を書いた。

晩年には神学研究の必要を感じて教義史研究を行っている。文才と信仰に懸ける情熱が多くの人を引きつけた。「藤井武全集」は3度刊行されている。

76

愛と抒情《じょじょう》の文豪

室生《むろお》 犀星《さいせい》

雨宝院で没後60年法要 東アジアに研究広がる

「岡あやめの会」は最終回

金沢三文豪の一人、室生犀星は2022(令和4)年3月26日、没後60年を迎えた。幼少期を過ごした金沢市千日町の真言宗雨宝院で営まれた法要には、住民ら約40人が参席した。俳句、短歌、詩、小説。近代文学のあらゆるジャンルで活躍した愛と抒《じょ》情《じょう》の文豪に思いをはせた。

長女の室生朝子さん(2002年死去)が中心となってファンが集い、1998(平成10)年から「岡あやめの会」として講演会や音楽の鑑賞会を開いてきたが、同年が最終回となった。太宰治の娘で作家の太田治子さんが「思い出の文人たち」と題して講演した。

室生 犀星
(1889〜1962)
現在の金沢市千日町に生まれる。高等小学校中退後、文学活動に入った。「抒情小曲集」「あにいもうと」などを発表し、詩人、小説家として地位を固めた。

室生犀星が幼年時代を過ごした真言宗雨宝院＝金沢市千日町

国境を越えて

21世紀に入ってから、室生犀星研究は国境を越えて広がりを見せる。2015(平成27)年に金沢を訪れた中国の劉金挙さん(当時は広東外語外貿大教授)が草分けの一人である。内面のコンプレックスに焦点を絞り、人物研究を深めてきた。北國新聞社の取材に対し「外国人から見た犀星は、日本人が見るのとは違ってくる。犀星と仏教の関係を掘り下げてみたい」と話していた。

2013(平成25)年には「詩人室生犀星の抒情世界」をテーマとした日韓文学シンポジウムが金沢市内で開かれ、両国の研究者約80人が意見交換した。韓国の研究者、孫《ソン》順《ス》玉《ノグ》さん(当時は中央大日

雨宝院の展示室に並ぶ室生犀星の手紙

室生 犀星の歩み

1889(明治22)年	現在の金沢市千日町に生まれる。雨宝院住職の内縁の妻に育てられる
1902年	金沢市長町高等小学校を中退。金沢地裁に就職、7年余り勤務
1918(大正7)年	「愛の詩集」「抒情小曲集」を刊行。東京・田端に住む
1919年	「幼年時代」「性に眼覚める頃」を発表、小説家としての地位を確立
1923年	関東大震災で被災し、金沢に疎開。25年に東京へ戻る
1941(昭和16)年	金沢に帰郷し、講演する。最後の帰郷となった
1958年	「杏っ子」で読売文学賞
1959年	「我が愛する詩人の伝記」で毎日出版文化賞、「かげろふの日記遺文」で野間文芸賞
1962年	死去

日韓の室生犀星研究者が集まったシンポジウム「詩人室生犀星の抒情世界」＝2013年6月、金沢市の近江町交流プラザ

本語学科教授）は「犀星の抒情詩は純朴さと強靱《きょうじん》さ、愛情と憎悪を同時にみせている」と述べた。

海外への犀星文学の広がりについて、室生犀星記念館の水洞《すいどう》幸夫館長（金沢学院大学副学長）は『ふるさとは遠きにありて思ふもの』というノスタルジーが背景にあるのかもしれない」とみている。伝統社会が近代文明に塗り替えられる時代を生きる者が抱く共通の喪失感が潜んでいる可能性がある。

人物から作品へ

水洞館長によると、近年の犀星研究の流れは、人物より作品へと移る傾向にある。従来の犀星研究は、確定していない生母など、どうしても生い立ちの謎に関心が向きがちになった。水洞館長は「小説をより深く読んでいこうという流れになってきた。小説家としての成果に目を向け、自伝を理解するのとは違う魅力を見詰め直そうとしている」と指摘した。

北國新聞社が2023年に実施した「『新聞読んで』感想文コンクール」では羽咋高1年の山岸美晴さんの「犀川のほとりで」が高校生の部の最優秀となった。「小景異情《しょうけいいじょう》」をもとに、室生犀星記念館から犀川べりを文学碑まで歩き、犀星少年が抱いた複雑な心境に触れる内容だった。国境や世代を超えて、多くの人に読み継がれて、不朽の魅力がさらに知られていくのだろう。

雨宝院に展示されている「抒情小曲集」

77

独学で文学博士に

尾山篤二郎《おやまとくじろう》

（1889～1963）

歌人、評論で活躍する

現在の金沢市安江町に生まれる。独学で文学博士となり、国文学をはじめ短歌、評論など多彩な分野で足跡を残した。

14歳で右足切断

金沢商業学校に在学していた14歳の時、右足膝関節を患い右足を切断する。中退後に文学への道を志した。

同世代の室生犀星らと交流して自作の詩や短歌を発表し、金沢で精力的に活動した。

１９０９(明治42)年に上京し、訪問記者をしながら徳田秋声ら郷土の先輩文学者らと交友を持った。評論では歯に衣着せぬ筆致で文壇を沸かせた。

師匠がなく、独学での古典研究により、西行《さいぎょう》や大伴家持《おおとものやかもち》ら伝統的歌風を吸収して発展させ、近代文学史の中で独自の地位を獲得した。１９６１(昭和36)年、「大伴家持の研究」により、東京大学から文学博士の学位を取得した。

歌人としては、短歌雑誌の「自然」や「藝林」を創刊し、主宰した。１９５１(昭和26)年、長年の歌壇への功績が認められ日本芸術院賞を受けた。宮中で行われる歌会始でも選者を務めた。

78

白山描いた日本画家

玉井《たまい》 敬泉《けいせん》

（1889～1960）

国立公園昇格を推進

現在の金沢市下堤町に生まれる。石川県立工業学校（現・県立工業高等学校）を卒業後、東京で日本画家の結城素明に師事した。1914（大正3）年の文展（日展の前身）で初入選して以降、白山を題材とした作品を描き続けた。19年には京都日本画無名展で首席天賞を受けた。同年金沢へ帰郷し、ふるさとの美術教育と発展に寄与していく。

文化財保護に貢献

1924（大正13）年に石川県工芸奨励会の評議員になり、昭和に入ると美術工芸史家としての存在感を高めていく。日置《へき》謙《けん》らとともに古典籍や郷土史書を刊行したほか、県内の文化財調査を行い、文化財保護に広く貢献した。戦後は県立工業高校の教員として長年、美術教育に取り組んでいる。

白山をこよなく愛した。豊かな自然や景観を後世に残していくため、日本野鳥の会創始者・中西悟堂らとともに国定公園となっていた白山を国立公園に昇格させる運動を推進した。文部省に提出した資料の大半は玉井が手掛けている。白山観光協会の初代事務局長も務めた。没後の1962年に白山は国立公園となった。

79

彫刻で活躍した芸術院会員

吉《よし》田《だ》 三《さぶ》郎《ろう》

（1889～1962）

高峰譲吉ら胸像を制作

大工の棟梁、吉田吉太郎の三男として金沢市長町で生まれ、彫刻家として活躍した。

石川県立工業学校（現・県立工業高等学校）に進学し、半年間ではあったが、教員であった板谷波山《いたやはざん》の薫陶を受けた。東京美術学校彫刻科に進学後も、板谷を慕って田端に下宿、以後生涯、田端に暮らした。

1919（大正8）年、第1回帝展（日展の前身）で「老坑夫」を出品し特選となった。31年にはフランス、イタリア、北米を巡り、古代彫刻について見識を深めた。

男性や老人を題材にした作品が多く、徹底した写生に基づいていた。石川四高記念文化交流館前にある明治・大正・昭和の学生気質を象徴した「四高記念碑」が金沢では有名である。高峰譲吉、納富介次郎、板谷波山、益谷秀次らのゆかりの胸像も手がけている。1950（昭和25）年に日本芸術院賞、55年に日本芸術院会員となった。

室生犀星は生涯の友人

長町高等小学校では室生犀星と同級で、生涯の友人となる。同じ年に生まれ、亡くなったのも同じ年だった。

80

加賀友禅「中興の祖」

木《き》村《むら》 雨《う》山《ざん》

写生に徹した作家の鑑《かがみ》 決意の固い後継者たち

かつて伝統工芸王国石川の「華」であった加賀友禅で「中興の祖」とうたわれた人間国宝木村雨山は、現代になお加賀友禅作家の鑑《かがみ》として生き続ける。

木村雨山は弟子をつくらないと言われた。ところが、自他ともに弟子と認める作家が金沢市大手町で健在である。石川県無形文化財加賀友禅技術保存会の元副会長、柿本市郎さん。87歳。工房では長男、結一さんとともに絵筆を手にし、「今も現役」という。

「雑草でも絵になる」

柿本市郎さんの創作の対象は着物だけ、しかもモチーフは花鳥風月だけである。手ほどきを受けた若い頃、

木村 雨山
(1891～1977)
大正から昭和にかけて活躍した加賀友禅の染色家、着物作家。金沢に生まれ、高等小学校卒業後、染め絵の名工上村雲嶂に加賀友禅を、日本画家の大西金陽に日本画を学んだ。1923(大正12)年に独立。帝展、文展に加賀友禅の着物などを積極的に出品。55(昭和30)年に、友禅の部で重要無形文化財技術保持者(人間国宝)に認定された。

人間国宝木村雨山の「麻地友禅瓜模様振袖」（石川県立美術館所蔵）

浅野川河畔でスケッチをする木村雨山

巨匠から徹底的に教え込まれたのは絵を描く前の写生であった。

「弁当を忘れてもスケッチ帖を忘れるな」「きれいな花ばっかりが対象でない。雑草でも立派な絵になるがや」。折々に受けた肉声は今でも耳にこびりついているという。アサガオ一つ描いても、青やピンクの花を強調するためにも虫食いの葉をそのまま描いた。

加賀友禅の特徴は一般的に「加賀五彩」を基軸に、多彩に配色し、糸目《いとめ》糊《のり》の技法で風景や花鳥を絵画調に描く。対象に濃淡のぼかしを施すが、外側から内側へぼかす。植物では虫

木村 雨山の歩み

1891(明治24)年	現在の金沢市橋場町に生まれる。本名は文二
1905年	高等小卒業後、染め絵名工・上村雲嶂に弟子入り 修業の傍ら、兄の師の日本画家大西金陽に師事
1923(大正12)年	金沢市で独立。大西金陽から「雨山」の雅号付与
1928(昭和3)年	第9回帝展に出品した染色壁掛けなど2点が初入選
1934年	第15回帝展で友禅花鳥文訪問着が特選
1949年	第5回日展審査員
1955年	重要無形文化財（人間国宝）「友禅」保持者に認定
1957年	日本工芸会理事
1966年	日本工芸会常務理事
1967年	勲四等瑞宝章受章
1968年	石川県文化財専門委員
1976年	勲三等瑞宝章受章
1977年	病気で死去

「人間国宝木村雨山・二塚長生展」で雨山の初期の作品に見入る来場者＝県立美術館

食いをアクセントとして描く。基本的に金銀箔や刺繍を加えない」などが挙げられる。しかし、雨山は、作品にこの特徴を大きく超えて金銀箔や刺繍も使いながら、着物だけではなく、絵画額や屏風にまで創作域を広げた。

透明感に詩情豊か

巨匠雨山の秀作、逸品29点を所蔵するのが石川県立美術館である。そのホームページの筆頭には、代表作の「麻地友禅瓜模様振袖」が置かれている。１９３７（昭和12）年、第１回新文展に出品された。黄土色のウリの実がいくつも描かれ、藍色の外ぼかしの葉には虫食いもあり、所々にトンボ、チョウが舞い、コオロギやスズムシなどの秋虫が点在する。静かな秋の田園の様《さま》を写し、透明感と詩情豊かな、加賀友禅の代表作にふさわしい。

この作品など雨山の没後40年を記念し、加賀の地にゆかりのある二人の重要無形文化財「友禅」保持者、いわゆる人間国宝の代表作を一堂に公開したのが「森羅万象をまとう―友禅 人間国宝　木村雨山・二塚長生の仕事―」である。２０１８（平成30）年1月、県立美術館で開かれた。木村雨山の具象、二塚長生の抽象のモチーフが対照的で、来場者は技を極めた巨匠の作に目を凝らした。

雨山の衣鉢を継いだ加賀友禅作家たちの集まりが石川県指定無形文化財加賀友禅技術保存会である。１９７８（昭和53）年に梶山伸さんを初代会長として発足し、2代会長には石川県立美術館長を務めた嶋崎丞さんが就き、3代会長は作家の中町博志さんが継いだ。その名の通り、県無形文化財の指定を受けた加賀友禅の作家たちが、会派などの垣根を越えて一つにまとまり、創造を期して、親睦と後継者育成を目的としたのである。伝統加賀友禅工芸展出品を励みと

特別展示室の雨山コーナー＝金沢市小将町の加賀友禅会館

商工一体で困難乗り切る

している会員は現在約１３０人。加賀友禅の継承と創造の中核を担っており、女性作家も保存会会員として認証され活躍を始めている。現会長の二代由水十久《ゆうすいとく》さんは「木村雨山先生はまさに友禅染において近代を開いたと評価されます。伝統の花鳥風月の自然を超えて世界を広く見つめ、写生に立脚しながら、絶えず既成の己《おのれ》の様式や技術にとどまることなく自由、多様に表現を拓《ひら》き続け得た創造者でした」と語る。

伝統加賀友禅工芸展で作品解説する関係者＝県立美術館

作家とともに業界の発展に尽くす協同組合加賀染振興協会の宮野勇造理事長も「商工一体となって困難の時代を乗り越える」と決意は固い。同協会と一般社団法人加賀友禅文化協会が共同運営する金沢市小将町の加賀友禅会館は１９８８(昭和63)年の開館から２０２３年で35年になる。

１階の特別展示室では、加賀友禅の創始者宮崎友禅斎に関する展示と並び、今後も木村雨山の遺作や在りし日をしのぶスナップ写真、スケッチ帖などが展示された常設コーナーを続けていきたいとしている。

81

台湾で農業用水路整備

磯田謙雄《いそだのりお》

（1892〜1974）

「白冷圳《はくれいしゅう》」の父、顕彰続く 台湾中部地震で再評価

2022(令和4)年、台湾・台中市の白冷圳《はくれいしゅう》水流域発展協会が日台間の相互理解の促進に貢献したとして、日本の外務大臣表彰を受けた。「白冷圳」とは、台中市新社《しんしゃ》区など一帯を潤す全長16・6キロの農業用水路である。同年、日本統治時代の通水から90周年を迎えた。

台北駐日経済文化代表処のウェブページによると、記念式典では楊長鎮主任委員が「険しい山々が連なる場所で水利建設を行い、後世の人々に争いのない土地を残してくれた数多くの先人たちと偉大な土木技師に感謝したい」と述べたという。この技師こそが、金沢出身の磯田謙雄である。

八田與一《よいち》と同じ進路

現在の金沢市尾山町に生まれ、第四高等学校→東京帝国大学土木工学科→台湾総督府土木局と同郷の先輩である技師、八田與一《よいち》と同じ道を歩んだ。台湾赴任直後に病気になり、八田の家で療養したという逸話もある。その後は八田の部下として嘉南地域の土地測量調査に当たり、嘉南《かなん》大圳《たいしゅう》着工の準備に携わった。

辰巳用水の原理で

1927(昭和2)年、磯田は新社台地の灌漑《かんがい》計画の主任に選ばれ、農業用水路建設の調査設計に尽力する。

海抜500メートル、雨水頼みだった台地に安定した水をどう供給するか。磯田は台地より22・6メートル高い、白冷台地の水源に目を付けた。高低差を利用して水を引き揚げる。逆サイフォンの原理を採用して水を通すのである。これは藩政期に築かれた辰巳用水にも利用された原理である。

新社台地にある磯田の銅像。後ろの山肌の水管が「白冷圳」
＝台湾・台中市

金沢市内では城南公民館が現地との交流事業を続けている。オンラインでの交流事業で磯田をしのび献花する関係者
＝2021年、金沢市の同公民館

白冷台地から新社台地までトンネル22カ所、水路橋14カ所、逆サイフォン用水管3カ所で結ぶ巨大農業用水路は1932(昭和7)年に竣工《しゅんこう》した。日本の敗戦に伴い、磯田は金沢へ帰郷し地元企業へ再就職した。

磯田の仕事が脚光を集めたのは、1999(平成11)年の台湾中部地震だった。死者・行方不明者2400人以上を数える震災で白冷圳は破損。新社区は給水が困難になったのである。改めて台地に水をもたらす磯田の仕事が再評価されたのである。

現在は水が途絶えないように新設した水管と、修繕した磯田時代の水管を併設している。

現地では磯田を「白冷圳の父」と呼ぶ。毎年、「白冷圳文化祭」を開催し、磯田の先見をたたえている。

金沢市議会は磯田の縁で2017(平成29)年、台中市議会と友好交流協定を結んだ。

82

安藤《あんどう》 謙治《けんじ》

（1893～1947）

83

浦上太吉郎《うらがみたきちろう》

（1893～1972）

84

荒崎《あらさき》 良道《りょうどう》

（1902～1976）

金沢独自の社会福祉施設
地域住民が運営協力

金沢市には善隣館という、全国の他の地域には見られない地域福祉の拠点的施設がある。

助け合いの精神で、近隣の人々と心を通わせ、支え合い、お互いに善き隣人を作っていくという「善隣思想」に基づく運営をしており、金沢の福祉の原点と言える存在である。その礎を築いたのが、安藤謙治、浦上太吉郎、荒崎良道の３人の先達である。

善隣館は昭和初期から、次々と設立されていく。特徴は、民生委員・児童委員、町内会、婦人会、青年団など地域の代表が理事・評議員となり運営に関わり、地域の住民が福祉事業の実施準備、資金調達に協力することにあった。

社会教育事業も担う

きっかけは１９２２(大正11)年、善隣館の担い手となる最初の方面委員が石川県に設置されたことだった。犀川、浅野川の大洪水などを受けて被災者への救援、要救護者への支援などが最初の取り組みだった。支援の手はさらに広がる。生活困窮者への公的救済制度の確立、救護法の制定を全国的に呼び掛け、政府に要望しながら、社会事業施設の設置に尽力した。

善隣館の開設は１９３０(昭和５)年頃から議論されてはいたが、第１号は１９３４(昭和９)年に旧野町小に安藤が開設した「第一善隣館」だった。当時は託児所、授産所、相談事業などの社会福祉事業のほか、図書室、仏教講、少年団活動などの社会教育事業を行った。

翌１９３５(昭和10)年には荒崎良道による「第三善隣館」(小将町)の前身である「協心舎」が発足した。１９４２(昭和17)年には浦上太吉郎による「森山善隣館」が開設されている。浦上は31年に前身の東山寮を建設、運営していた。

現在は11の善隣館が活動する。校下ごとに公民館が設置されてからは社会教育事業の役割は薄れることになったが、各時代のニーズに応じながら歩みを続けている。

85

「日本野鳥の会」を創立

中《なか》西《にし》 悟《ご》堂《どう》

ジオパーク白山の起点
自然保護活動の先駆者

中西 悟堂
（1895〜1984）

自伝によると金沢市長町生まれとしているが、別の著書では「実際のところは、よく分からない」とも記す。昭和の初めから野鳥の観察を始めた。火食を絶った木食（もくじき）生活を営み、多くの自然に触れる。「日本野鳥の会」を創立し、自然保護活動を推進する。文化功労者顕彰を受けた。多くの詩や短歌を詠んだ詩人、歌人でもある。

白山手取川ジオパーク

2023（令和5）年9月、「白山手取川ジオパーク」は世界ジオパークとしての認定を受けた。モロッコ・マラケシュで行われた認証式で、白山市の田村敏和市長は「地元に根付く文化をさらに磨き上げたい。ジオをふるさと学習に生かし、地元をいっそう盛り上げたい」と述べた。

ジオパークとは、「地質・地形から地球の過去を知り、未来を考えて、活動する場所」のことを示す。科学的に見て重要で貴重な自然公園の一種であり、白山の滝や山肌、百万貫の岩といった雄大な自然景観、人々の営みを未来も支える手取川扇状地が世界に評価されたのである。北

世界ジオパークの認定証を受け取る田村敏和白山市長＝2023年9月、モロッコ・マラケシュ

露出の化石壁 ドローン調査

世界ジオ認定 変わりゆく手取川

白山・桑島 水位低下を受け

本社調査団

桑島化石壁の下部で見つかった炭化木を確認する調査団員

普段は水面下にある岩肌があらわになった桑島化石壁 ＝白山市桑島

記録的な暑さと少雨の影響で手取川ダム（白山市）の水位が大幅に低下したことを受け、北國新聞社の手取川環境総合調査団は21日までに、上流にある1億3千万年前の地層「桑島化石壁」の緊急調査を行った。普段は水面下にある下部の岩肌がむき出しとなっており、水が減らないと目にすることができない「立ち木の化石」や壁全体の様子をドローンで撮影した。分析し、貴重な化石壁の保全に役立てる。

国土交通省金沢河川国道事務所によると、21日午前0時時点で手取川ダムの貯水率は16・7%。桑島化石壁付近では、道路から約50㍍下の川底まで見える状態が続いている。

調査は19日に行われ、団長を務める丸山利輔石川県立大参与らが参加した。川の斜面や堆積土を伝って壁の下部を観察した。

新たに「立ち木の化石」

化石壁では、立ったままの樹木に二酸化ケイ素が染み込んで化石化した「珪化木」や炭化した「炭化木」など多彩な化石が産出される。8月下旬には白山市手取層群

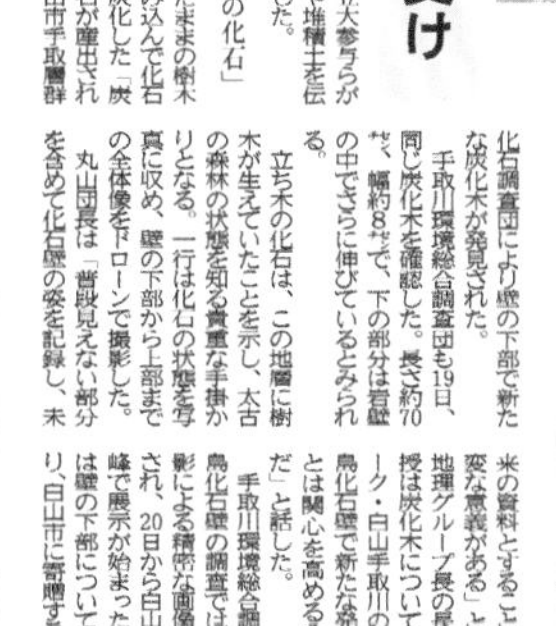

化石調査団により壁の下部で新たな炭化木が発見された。

手取川環境総合調査団も19日、同じ炭化木を確認した。長さ約70㌢、幅約8㌢で、下の部分は岩盤の中でさらに伸びているとみられる。

立ち木の化石は、この地層に樹木が生えていたことを示し、太古の森林の状態を知る貴重な手掛かりとなる。一行は化石の状態を写真に収め、壁の下部から上部までの全体像をドローンで撮影した。

丸山団長は「普段見えない部分を含めて化石壁の姿を記録し、未来の資料とすることは学術上、大変な意義がある」と強調。地質・地理グループ長の長谷川卓金大教授は炭化木について「世界ジオパーク・白山手取川の目玉である桑島化石壁で新たな発見があったことは関心を高めるためにも重要だ」と話した。

手取川環境総合調査団による桑島化石壁の調査では、レーザー撮影による精密な画像パネルが制作され、20日から白山恐竜パーク白峰で展示が始まった。北國新聞社は壁の下部についてもパネルを作り、白山市に寄贈する予定である。

手取川環境総合調査団によるドローンを用いた桑島化石壁の調査を報じる2023年9月22日付北國新聞

白山手取川ジオパークを象徴する百万貫の岩。1934（昭和9）年の手取川大水害で流れ着いたとされる＝白山市内

國新聞社は２０２２（令和４）年から「手取川環境総合調査」を実施し、白山や手取川流域の多様な価値を掘り下げている。

国立公園昇格に力

白山の持つ豊かさを公の宝とする運動の起点にいるのが、「日本野鳥の会」を創立したことで知られる中西悟堂である。

戦後、計４回にわたって白山調査を実施した。国定公園であった白山を一ランク上の国立公園にしたい。当時の田谷充実石川県知事の依頼を受

け、動物や植物、地層の調査に当たった。１９５５（昭和30）年の調査では、砂防ダムから転落し重傷を負ったものの、「白山は鳥の多い山としては一級のものである」ことが分かった。成果は「加賀白山の鳥相」「白山鳥類分布表」としてまとめた。こうした努力が実り、62年、白山は国立公園に昇格を果たした。

中西はその後も白山での自然保護を訴え、白山スーパー林道（現・白山白川郷ホワイトロード）の建設後は「いったん壊した自然は１００年はおろか、復元などはあり得ない」と繰り返し説き、通行車両の台数制限を提言している。

白山調査に参加した中西（左手前から2人目）＝1961年7月

トキ保護、村本さんに助力

白山だけではない。あちこちに中西の遺志は生きている。

まずは国の特別天然記念物であるトキ。石川県は、本州で最後の生息地だった。ＮＰＯ法人日本中国朱鷺《とき》保護協会名誉会長である村本義雄さん（羽咋市）は１９５６（昭和31）年に眉丈山でトキの撮影に成功したことから保護活動に取り組み、中西にトキ保護への助力を求めた。

面会謝絶の札を突っ切って、村本さんは直談判した。中西は「野に住む鳥は野のままに」を理想としたが、

中西 悟堂の歩み

1895（明治28）年	現在の金沢市長町で生まれる（自伝の記述による）
1905年	秩父山中の寺で、坐行、滝の行、断食を行う
1916（大正5）年	中西赤吉のペンネームで第1歌集「唱名」を刊行
1922年	松江市の普門院の住職となる。第1詩集「東京市」を刊行
1926（昭和元）年	東京の北多摩郡千歳村（現・世田谷区烏山付近）で火食を絶ち、木食菜食の生活に入り、虫類や鳥類の観察を始める
1934年	「日本野鳥の会」創立。機関誌「野鳥」を創刊。富士山麓須走で日本最初の探鳥会を開催
1935年	「野鳥と共に」を刊行。文部省推薦図書となる。これにより「野鳥」の語が世間に定着する
1955年	白山調査の下山の時、ダムに転落し重傷を負う
1977年	文化功労者として顕彰される
1978年	金沢市広坂に加賀白山山頂詠歌碑が建立される
1984年	死去

村本さんは「トキが住める環境をつくるということは、すなわち人間が住める環境を取り戻すことにつながる。それがわれわれの務めじゃないですか」と熱く説いたという。現在、能登を中心にトキの放鳥が計画されている。

かすみ網の禁止

中西は「かすみ網猟」の禁止に力を注いだ。細くて暗い色の網を空中などに張り、気づかない鳥を飛び込ませて一網打尽にする。加賀藩では、武士のたしなみとして奨励された猟法であった。大陸からやってくるツグミが最初に降りるのは、能登半島や越前方面だった。かつては山の中腹に大規模なかすみ網を張り、かごに入れた囮《おとり》の鳥を鳴かせて近寄らせ、捕獲をしていた。特にツグミは美味とされ、密猟が絶えなかったのである。野鳥を愛する中西の努力で、かすみ網猟は法律で禁止され、違反者は警察に摘発されるようになった。

中西はそもそも「野鳥」という言葉を作った人だった。中西以前から「野鳥」という言葉はまれに使われていたが、「のどり」と読まれていた。今日のように「やちょう」と読み、現在の意味で使われるようになったのは中西が「日本野鳥の会」を創立した結果である。

「屋上樹林」を説く

もう一つ、中西は都市の景観にも影響を与えた。屋上に樹木や花を植える「屋上庭園」を提唱したのである。１９６０年代にいち早く、「屋上樹林」の必要性を訴えた。屋上の半分でも樹林にすれば水蒸気や酸素の発散で、東京の夏の温度も変わると説いたのである。

１９６８(昭和43)年、東京駅八重洲口に建てられた八重洲ダイビル(現在建て替え中)は、中西の助言で東京で最初に「屋上樹林」を備えた。兼六園を模した屋上庭園を備えた金沢市のＡＮＡクラウンプラザホテル金沢など、個性的な「屋上樹林」も増えてきた。地球温暖化やヒートアイランド現象に対応する方法としてビルの緑化は進んでいる。中西の先見性と、自然に対する鋭い問題意識を示している。

兼六園をイメージした屋上庭園
＝金沢市内のホテル

86

漆芸を芸術に高めた巨匠

松《まつ》田《だ》 権《ごん》六《ろく》

郷里の国文祭に花添える
仕事部屋を工芸館で再現

2023(令和5)年11月26日、いしかわ百万石文化祭のメイン行事として、金沢市の石川県立美術館と国立工芸館で開催された「皇居三の丸尚蔵館収蔵品展」(北國新聞社共催)が来館者5万人を数えて閉幕した。同展を飾った一つに金沢市出身の「漆聖」松田権六の「鷺《さぎ》蒔《まき》絵《え》筥《ばこ》」があった。1958(昭和33)年の権六渾身の作を鑑賞した多くの来館者は、隣接する「松田権六の仕事場」も目の当たりにし、その人となりを紹介する文化庁による工芸技術記録映画「蒔絵―松田権六のわざ―」にも見入った。

「松田権六さんを知ってもらうまたとない機会になりました」。唐澤昌宏館長は頬を緩める。権六の仕事

松田 権六
(1896〜1986)

現在の金沢市大桑生まれの蒔絵師。人間国宝。文化功労者。文化勲章受章者。加賀蒔絵の伝統を守りながら、螺鈿や平文などの古典技法を現代化させ、近代漆芸に偉大な芸術世界を築き上げた。東京美術学校で教授を務める傍ら、日本工芸会を設立して後進の育成にも尽力した。中尊寺金色堂の保存修理など、文化財保存事業にも意を注いだ。

再現された「松田権六の仕事場」＝国立工芸館

自宅の仕事場で創作に励む松田権六＝1985年11月22日、都内

場は、国立工芸館が金沢に移転開館する際、東京・文京区の旧居にあったのをそのまま移転、再現したものである。「当館の主要常設展示です」と唐澤館長が言うように、蒔絵で人間国宝、文化功労者となり、文化勲章を受章した漆聖の、まさに「制作現場」からその偉業を感じ取ってもらおうとの趣向である。

その広さは4畳あるかないかで実作業できるのは2畳プラスαほど。ここから、鷺蒔絵筥など数々の名品、逸品が生まれたと思うと感慨深い。もっとも、狭いからこそ創作に集中し、手を伸ばせる範囲にいくつもの道具があるのが、巨匠の考えた合理性なのだろう。

伝統工芸王国といわれる金沢で、その代表的な分野「漆芸」のしかも最高峰の仕事場が、金沢から発信する意味は決して小さくないと唐澤館長は力説する。

今回、出品された「鷺蒔絵筥」に戻ろう。漆黒の空間に白鷺がふわりと舞う意匠である。白の羽はウズラの卵の殻で表現した。足やくちばしは金属板を平文《ひょうもん》という技法で描いてある。筥の側面には漂う靄《もや》が、箱の内側側面には波紋が描かれている。立体のすべてを、空間を生かし切る意匠である。孫弟子に当たる金沢学院大学芸術学部教授の市島桜魚さんは「同一の画面で表現しないのが先生らしい」と北國新聞紙上で論評した。

「至芸の作とそれを生み出された仕事場を同時に見ることができ鑑賞者にとってこれほどの贅沢はないと思います」。唐澤館長は、権六のふるさとでの国民文化祭にふさわしい企画になったと振り返る。

偉大な父をもった長男は東京・駒込で漢方内科を営む。松田邦夫さん94歳。父とは全く別の道に進んだ邦夫さんが、権六のとっておきのエピソードを紹介してくれた。

都内で漢方内科医院を営む松田邦夫さん＝東京・駒込

松田漢方内科医院

権六の生家があった跡＝金沢市大桑町

邦夫さんが小学生の時、クラスの中で絵が一番うまいと先生にほめられた。得意になって帰宅し、父の権六に見せると、1分ほどジーと見つめた上で何も言わなかったという。後年、なぜ黙っていたのか聞くと、「お前の絵にはひらめきがなかった。跡継ぎにはするまいと思った」という。その後、邦夫さんは父の勧めで第四高等学校の理科に進み、さらには東京大学医学部を経て、医者となった。「天才たる芸術家の息子は秀才ではいかん。天才でないと跡継ぎにはできない」といった父の言葉を今も噛みしめ、医者であって良かったと結んだ。

　権六の生家があった金沢市大桑町に住み、権六は曽祖父の弟に当たるという松田匡善《まさよし》さんは、梨園を経営する。偉大な先祖を誇りとする匡善さんは、自宅より少し離れた、元々、権六が生まれた地に記念碑を立てるのが夢である。

　親族たちは、それぞれの思いで巨匠の顕彰を忘れないでいる。

松田 権六の歩み

1896(明治29)年	現在の金沢市大桑町の農家に生まれる
1914(大正3)年	石川県立工業学校卒業。東京美術学校入学
1919年	東京美術学校漆工科卒業。陸軍第七連隊入隊
1925年	並木製作所に入社。漆工加工品を扱う
1927(昭和2)年	民間会社を退職。東京美術学校助教授就任
1943年	東京美術学校教授就任
1944年	代表的漆芸作品「蓬莱之棚」完成
1955年	重要無形文化財「蒔絵」保持者(人間国宝)
1962年	社団法人日本工芸会理事長に就任
1963年	文化功労者顕彰
1967年	勲三等旭日中綬章受章
1974年	勲二等瑞宝章受章
1976年	文化勲章受章
1978年	金沢市名誉市民となる
1986年	心不全のため死去

87

石川製作所の創業者

直山与二《なおやまよじ》

(1896〜1973)

繊維機械メーカー育てる

鉄工所の経営者の次男として現在の金沢市此花町で生まれる。大阪の石井鉄工所で修業した後、小さな鉄工所を開業する。現在に続く石川製作所の前身である。

1921(大正10)年、金沢に戻った直山は、大阪から同行してきた職人2人と新たに採用した5人を加えて小さな町工場「石井鉄工所」を発足させた。

世界恐慌の苦況にも見舞われたが繊維機械の製造を中心に徐々に業績を伸ばし、1937(昭和12)年には株式会社となり森本工場が建設された。

翌年には社名を石川製作所と改めた。繊維機械メーカーとして全国五指に入る企業に育て上げた。現在も繊維機械、産業機械、システム機械などの分野で操業している。戦後は北日本紡績も設立し、石川の繊維産業を引っ張った。

女子教育、福祉にも足跡

実業界で活躍する一方、教育界においても赤井米吉とともに金沢女子専門学園(現・金沢学院大学)を設立して理事長に就くなど、女子教育にも携わった。社会福祉法人梅光会の理事長として児童福祉育成事業にも取り組んだ。

88

市井に生きた風流人

小《こ》松《まつ》 砂《さ》丘《きゅう》

（1896～1975）

酒を愛し、「多作こそ値打ち」

現在の珠洲市上戸町に生まれた。本名は為一。木地師として金沢で暮らした。俳句、絵画、文筆に優れ、市井に生きた風流人として名を残す。作家の五木寛之さんが講演や随筆などで取り上げ、再評価が進んでいる。

酒を愛し、料理屋で居合わせた客から求められれば何枚でも色紙を書き与える人物だった。マッチ箱や箸袋、火よけ札、色紙、掛け軸、ふすま絵などあらゆる作品を残し、一説に作品数は40万から50万点に達するともされる。

あまりに多いと作品の価値がなくなるのではないかと指摘する人には「砂丘の色紙は、数が多いところに値打ちがあるんや」と胸を張って応じたそうだ。

戦時中、現在の南砺市福光に疎開した板画家の棟方志功と交流。半日語り合い、請われるままに長大な絵巻物「法《ほう》林《りん》經《きょう》水《すい》焔《えん》巻《かん》」の跋《ばつ》文《ぶん》（後書き）をしたためている。

香林坊に「明暗」の句碑

晩年は金沢市内のあちこちに句碑を建てている。香林坊には自身の俳句を刻んだ「明暗を香林坊の柳かな」の句碑が残されている。

89

婦人参政権を実現

米《よね》山《やま》 久《ひさ》子《こ》

（1897〜1981）

90

駒《こま》井《い》志《し》づ子《こ》

（1903〜1978）

女性初の衆院議員、県議
短歌結社から獲得運動に

石川県における婦人参政権獲得運動を牽引《けんいん》し、戦後県人初の女性議員として活躍したのが米山久子と駒井志づ子である。米山は女性初の県議、駒井は女性初の衆院議員となった。

歌人でもあった米山久子は1925(大正14)年、短歌のグループ「紫光社」を結成する。紫光社はその後、石川県内での婦人参政権獲得運動の推進母体となっていく。1929(昭和4)年には市川房枝らの婦選獲得同盟に参加、金沢支部を結成する。これは、新潟支部に次ぎ、全国で2番目に誕生した地方支部である。

「女は女へ」合い言葉に

1946(昭和21)年、女性の参政権が認められて初めての衆議院総選挙の石川県全県区に日本社会党から出馬し初当選、石川県初の女性国会議員となった。「〃女は女へ〃という合い言葉で得られた票で、決して婦人が夫の命令や助言に基づいて投票した結果ではない」と述べている。

駒井志づ子は第6代金沢市長である飯尾次郎《じろう》三郎《さぶろう》の長女として生まれた。運動に参加する以前から、歌人今井邦子の指導を受けて短歌を作っていた。米山とともに短歌のグループ「紫光社」に参加。以後、婦人参政権獲得運動に加わり、婦選獲得同盟の金沢支部結成にも深く関わった。金沢支部発会式では、駒井が支部長に選出された。

「県政の落ち穂拾う」

戦後は、「石川婦人協会」の発起人の一人となり、さらに石川県地域婦人団体連絡協議会の会長を11年間連続して務めた。

1951(昭和26)年には、石川県議選に民主党から出馬し、女性として初めての当選を果たす。62年には県議会の副議長に選ばれた。全国初のことだった。県議会での質問で「子供のこぼした飯粒は母親が拾う。県政の落ち穂は婦人議員が拾う」と切り出した。

国会に登院した米山久子(中央)

県議選に初当選し、笑顔を見せる駒井志づ子

91

A級戦犯の教誨師《きょうかいし》を務めた

花山《はなやま》 信勝《しんしょう》

（1898〜1995）

最期の日まで仏の心説いて

金沢市武蔵ケ辻近くの浄土真宗本願寺派宗林寺に生まれた。東京帝国大学（現・東京大学）に進んで仏教学者となったが、その名が全国に知れ渡ったのは、敗戦国日本で行われた極東国際軍事裁判（東京裁判）においてである。縁あって絞首刑が決まったA級戦犯らの教誨師を務めて巣鴨拘置所に通い続け、処刑の日までその職を全うしたからであった。

死刑執行に立ち合う

土肥原賢二、広田弘毅、板垣征四郎、木村兵太郎、松井石根、武藤章、東条英機のA級戦犯7人をはじめ、B・C級戦犯の死刑執行に立ち会い、極限下の生と死を見つめた。著書「平和の発見」などによると、覚悟した戦犯たちに対しては浄土へ旅立つ信仰の友になることに徹したという。

12代住職信勝の発願により現在、宗林寺の境内に、八角堂「花山聖徳堂」が建つ。1階には御本尊の阿弥陀如来像、両脇には聖徳太子十六歳の孝養像と親鸞聖人座像とが安置されている。そして地階には、信勝が奉納したA級戦犯らの遺品遺書が展示されており、信勝の恒久平和への悲願がひしひしと伝わる。

92

自律神経研究の権威

冲中《おきなか》 重雄《しげお》

（1902~1992）

東大に神経内科確立

現在の金沢市味噌蔵町に生まれる。東京帝国大学医学部を卒業後、内科教授で神経学の世界的権威であった呉建《くれけん》に師事。生涯の研究テーマとなる「自律神経」を掘り下げていくことになる。

1946（昭和21）年に44歳の若さで東京帝大医学部教授となり、専門分科としての神経内科を確立した。

さまざまな学説・研究手法を柔軟に取り入れ、自律神経の研究は世界的に高く評価された。

かねてより日本の神経学の出遅れを懸念していた冲中は、1960年に日本臨床神経学会（現・日本神経学会）を発足させた。62年には「アジア大洋州神経学会」を創設し会頭を務めた。

（虎の門病院提供）

1970（昭和45）年の文化勲章受章後には、財団法人冲中記念成人病研究所を設立している。虎の門病院（東京）院長も務めた。

誤診率「14・2%」

1957年には軽い脳梗塞《こうそく》に倒れた石橋湛山首相を診察、内閣総辞職の懸かった最終診断を下した。東大退官時の最終講義で自身の教授在任中の誤診率を「14・2%」と発表し大きな反響を呼んだ。

93

日本近代建築の巨匠

谷口《たにぐち》 吉郎《よしろう》

原点は金沢、犀川に影響 清らかな意匠を生み出す

谷口 吉郎
(1904～1979)

現在の金沢市片町に生まれた。東京帝国大学工学部建築学科を卒業し、東京工大で教鞭を執る。1942(昭和17)年、「建築物の風圧に関する研究」で日本建築学会賞。49年、藤村記念堂などで日本建築学会賞。代表作に東宮御所、ホテルオークラメインロビー、赤坂迎賓館別館游心亭(ゆうしんてい)など。73年、文化勲章受章・文化功労者。

生家は九谷焼窯元

犀川大橋から香林坊へ向かって右側5、6軒目にあった片町の九谷焼の窯元「金陽堂《きんようどう》」。そこが谷口吉郎の生家だった。店の奥では多くの陶工によって絵付けも行われていた。吉郎は、勢いよく燃える窯《かま》の炎や、窯から取り出される鮮やかな九谷焼の色彩が目に焼き付いていると語っている。

生家のそばを流れる犀川では、小石を組んで小川を作り木片で橋を架け、小さな庭を造って遊んだという。遠くに見える戸室山や医王山を「借景」とした庭である。建築家としての意匠心は、窯の炎や犀川での遊びという金沢の経験が原点となっている。

谷口吉郎が設計した石川県美術館。現在はいしかわ生活工芸ミュージアムとなっている＝金沢市兼六町

１９２３（大正12）年の関東大震災で、四高の学生であった吉郎は、幼い頃に見た東京の風景が消滅したことに大きなショックを受け、「建築」というものの意義を意識させたという。建築家を目指すきっかけとなった。

ふるさと金沢にも多くの建築作品

「東宮御所」や「東京国立博物館東洋館」「藤村記念堂」など日本を代表する建築を設計した。

生家そばを流れた犀川は、谷口吉郎に影響を与えた＝金沢市の犀川大橋

金沢市内には多くの建築と記念碑がある。東京以外では最も多くの谷口作品がある街である。

すでに取り壊されてしまった建物もあるが、石川県繊維会館（現金沢市西町教育研修館）と石川県美術館（現いしかわ生活工芸ミュージアム）は当時の面影を強く残した建物である。石川県繊維会館は吉郎が描いた設計図面をもとに金沢市が建築当時に近いように修繕しており、中川一政の壁画や折り鶴型の蛍光灯など当時の様子をうかがい知ることができる。

別の面でも足跡を残す。文学碑だ。戦後間もない１９４７（昭和22）年、卯辰山山頂の公園に建立された「徳田秋聲《しゅうせい》文学碑」が始まりである。吉郎が設計した日本最初の文学碑といわれる。

文学者の作品世界や人となりを凝

文学碑の先駆けとなった徳田秋声文学碑＝金沢市の卯辰山

縮させる文学碑という新しいジャンルを確立したといえる。吉郎は他にも「室生犀星文学碑」「南下軍の歌記念碑」「北の都記念碑」を手掛けた。石川県外でも北は東北の「十和田湖記念碑・乙女の像」、南は九州の「北原白秋歌碑」まで、全国各地に谷口吉郎設計の記念碑が建っている。

保存にも心砕く

吉郎は新たな建築を生み出す一方、失われていく建築の保存にも心を砕いた。きっかけは1940（昭和15）年、老朽化により文明開化を象徴する東京の「鹿鳴《ろくめい》館《かん》」が取り壊されたことだった。時代を物語る建築のため、四高同期で名古屋鉄道副社長だった土川元夫らの賛同を得て、愛知県犬山市に「博物館明治村」を開館、初代館長として移築と保存に努めた。明治村には「金沢監獄正門」「同中央看守所」「四高武術道場」「無声堂」「同物理化学教室」など金沢にあった建物も移築されている。

未来を見据えた金沢の文化

吉郎は建築家としての視点から、戦後金沢の都市計画に助言を行っている。1968（昭和43）年、金沢市は全国で初めて伝統的な環境の保存

谷口 吉郎の歩み

1904(明治37)年	6月24日、吉次郎、直江の長男として現在の片町に生まれる。生家は九谷焼窯元「金陽堂」
1925(大正14)年	東京帝国大学工学部建築学科に入学
1932(昭和7)年	デビュー作である「東京工業大学水力実験室」を設計
1938年	ベルリンの日本大使館の日本庭園を造るためドイツ出張
1943年	東京工業大学教授となる
1944年	ベルリン滞在記「雪あかり日記」を「文芸」誌に連載
1947年	「徳田秋聲文学碑」「藤村記念堂」設計
1948年	意匠の神髄を求めた「清らかな意匠」を刊行
1960年	「東宮御所」を設計
1962年	日本芸術院会員に就任
1964年	「博物館明治村」初代館長となる。「室生犀星文学碑」を設計
1973年	文化功労者、文化勲章受章
1978年	金沢市名誉市民第1号となる
1979年	2月2日、死去

を定めた「伝統環境保存条例」を制定した。

戦災に遭わなかった金沢を、都市の近代化とどう調和させるか。当時の徳田與吉郎市長に対して吉郎は「金沢のまちづくり環境が、都市の近代化の中で調和し保たれていくべき」と提言している。

伝統環境保存条例を起点として、金沢市は歴史的環境と豊かな自然環境を大切にする「保存と開発の調和」をまちづくりの基本理念に掲げるようになる。平成にかけて「金沢市こまちなみ保存条例」「金沢市まちづくり条例」などが制定される素地となっている。現在の金沢の都市計画は吉郎の提言から出発したといえる。

1979（昭和54）年、金沢市立玉川図書館を吉郎、吉生父子が協働設計している。最初で最後の親子合作である。旧日本専売公社の赤レンガの建物を利用した古文書館（現近世史料館）と現代的なデザインの本館からなる。

2019（令和元）年には金沢市寺町5丁目に「谷口吉郎・吉生記念金沢建築館」がオープンした。谷口吉郎が暮らした家の跡地にその息子である吉生氏が設計した。見所は吉郎が設計した迎賓館赤坂離宮和風別館「游《ゆう》心《しん》亭《てい》」の広間と茶室を吉生氏が忠実に再現した空間である。名誉館長に就任した吉生氏は「身近なものである建築に親しんでもらい、美しい金沢のまちづくりに貢献する施設にしたい」と意気込みを語った。

石川県繊維会館として谷口吉郎が設計した西町教育研修館の内部。登録有形文化財となっている＝金沢市西町三番丁

2019年、谷口吉郎が暮らした家の跡地にオープンした「谷口吉郎・吉生記念金沢建築館」
＝金沢市寺町5丁目（撮影・北嶋俊治）

吉郎が設計した迎賓館赤坂離宮和風別館「游心亭」を吉生氏が再現した広間と茶室

94

木工芸人間国宝

氷見《ひみ》 晃堂《こうどう》

（1906～1975）

「木には命がある」を実践

商家の次男として現在の金沢市本町2丁目で生まれた。指物《さしもの》師北島伊三郎の弟子となり木工芸を学んだ。

「砂磨き法」を復活

砂でスギ材を磨き、木目をより美しく浮かび上がらせる「砂磨き法」を独学でよみがえらせた。さらには「金銀縮れ象嵌《ぞうがん》」など独自の技法を生み出した。

「木には生命があります。それを生かすことが、私も生きることです」と述べ、木の持つ美しさを引き出すものづくりを実践した。

1970（昭和45）年、木工芸の重要無形文化財保持者（人間国宝）に認定された。

初代魚住為楽《いらく》（銅鑼《どら》人間国宝）が前田家から依頼を受けて銅鑼を制作し、この「銅鑼掛け」を作ったのがきっかけで、魚住の銅鑼と氷見の銅鑼掛けが共演する作品を残している。

気品にあふれる指物の美は氷見の没後、作品を鑑賞した灰外《はいそと》達夫さん（後に木工芸人間国宝、故人）を木工の世界に向かわせる契機となった。

氷見が生涯使用した鉋台《かんなだい》や縮《ちぢ》れ線加工用のはさみなど用具4000点余りが2004（平成16）年、金沢市有形民俗文化財に指定された。

髹漆《きゅうしつ》人間国宝

赤地《あかじ》 友哉《ゆうさい》

（1906～1984）

「塗る者は描かず」に徹する

「曲輪《まげわ》造り」を確立

檜物《ひもの》師の三男として現在の金沢市金石で生まれる。塗師の新保幸次郎や渡辺喜三郎に師事し漆芸家の道を歩んだ。

日本伝統工芸展で活躍し、1974（昭和49）年に、髹漆《きゅうしつ》の重要無形文化財保持者（人間国宝）に認定された。

髹漆とは漆塗りのこと。漆芸技法の根幹となる技術である。素地選びから下地工程、上塗り、仕上げまで幅広く関わっている。

赤地は伝統的な髹漆の技をベースにしながら、檜物師の「輪積《わづ》み」という技法を取り入れた。堅牢な「曲《まげ》輪《わ》造り」を確立することで、塗りの世界に革新を持ち込んだ。

漆が持つ魅力を最大限に引き出した髹漆の作品は、蒔絵《まきえ》や沈金《ちんきん》、螺鈿《らでん》のような加飾による華やかさはないが、しっとりとした深みのある漆本来の温もりや質感と魅力を伝える。「漆者不画（塗る者は描かず）」という言葉を好み、加飾に頼らず、「髹漆」に徹した。

輪島漆芸技術研修所で講師を務め、後に髹漆人間国宝となる小森邦衞さんを指導した。

96

砂丘農業の父

松本佐一郎《まつもとさいちろう》

品種改良の名手の成果「打木源助だいこん」再興

90年代半ば、松本家だけ

加賀野菜15品目のうち、2種類「打木《うつぎ》源助だいこん」と「打木赤皮《あかがわ》甘栗《あまぐり》かぼちゃ」を品種改良で生み出したのが松本佐一郎だ。現在の打木町の農家で、いずれも砂地に適した作物であった。

現在、JA金沢市の「打木源助だいこん部」の部長を務める松本充明さんは佐一郎の孫に当たる。「畑が大好きなおじいちゃん」だったという。

源助大根は栽培が難しく、育てた大根の中にスが入りやすいという問題点があった。病気に強い青首だいこんが登場すると、多くの農家は品種を切り替えた。伝統的な源助大根

松本佐一郎
(1907～1986)

農家を営んでいた松本六佐の長男として現在の金沢市打木町で生まれる。当時打木地区では桑畑が主流であったが、害虫の大発生により大打撃を受ける。このため、砂地でも栽培できる作物が必要と考え、長い年月をかけて「打木源助大根」や「打木赤皮南瓜」を生み出した。

「打木源助だいこん」の収穫風景
＝2023年10月、金沢市打木町

の生産者も徐々に減り、1990年代半ばには松本家だけになってしまった。

ブランド化、おでんで増える

現状はどうか。生産者は実に20人にまで広がり、再興を果たしている。

充明さんによると、1997（平成9）年に加賀野菜がブランド化されたことで、作りたいという農家が増えたという。加賀野菜は「昭和20年以前から栽培され、現在も主として金沢で栽培されている野菜」と定義されている。

さらに「金沢おでん」の人気で、出荷量も増えた。現在では地区全体で年間2万ケース以上を出荷しているという。

充明さんは「こうやって、産地全体でいいものを残していかないかん」と手応えを語る。いい大根は、

松本佐一郎の歩み

1907(明治40)年	松本六佐の長男として現在の金沢市打木町で生まれる
1921(大正10)年	石川県立松任農業学校に入学
1931(昭和6)年	害虫の大発生で打木地区の桑畑が全滅
1932年	愛知県の井上源助から「源助大根」の種をわけてもらう
1933年	福島県の「会津赤皮南瓜」の品種改良にのりだす
1942年	「打木源助大根」を初めて出荷する
1955年	「打木赤皮甘栗南瓜」を初めて出荷する
1968年	黄綬褒章を受章
1977年	高多久兵衛と共に胸像が作られる
1986年	死去

砂地が広がる畑で打木赤皮甘栗かぼちゃの苗を植える人々

長さ、太さといった規格だけでは見分けられない。肌の質感や掘り出して割ってみる必要がある、交雑しないように種専用の圃場《ほじょう》に植えるなど工夫が必要だという。源助大根は地道な努力でよみがえったのだ。

「幻」と呼ばれた

販路拡大のためのアイデアを次々と打ち出している。「打木源助だいこん」を使用した焼酎などの新商品開発、コンビニエンスストアのおでんでの採用などの手を研究中とのことである。

充明さんの父、惲《あつし》さんは「昔は幻の大根と言われた時期もあったけど、親父(佐一郎)が育成したものなので、守り続けてほしい。源助だいこんだけは、少なくても作り続けてきてよかった」と力を込めた。

系統選抜法で活路

海岸沿いの打木は一面の砂地が広がる。水田は少ない。佐一郎は「天候や病害虫に左右されにくい新しい作物を探そう」と考えていた。

昭和初期、愛知県の井上源助という人物が開発した「ゲンスケダイコン」という品種が、柔らかくて味も良いと聞き、栽培方法を学び、種も分けてもらった。これを打木で蒔《ま》いたものの、立派な大根には育たなかった。気候や土壌が大きく異なっていたのが原因だった。

そこで佐一郎はもともと打木で栽培していた大根と「ゲンスケダイコ

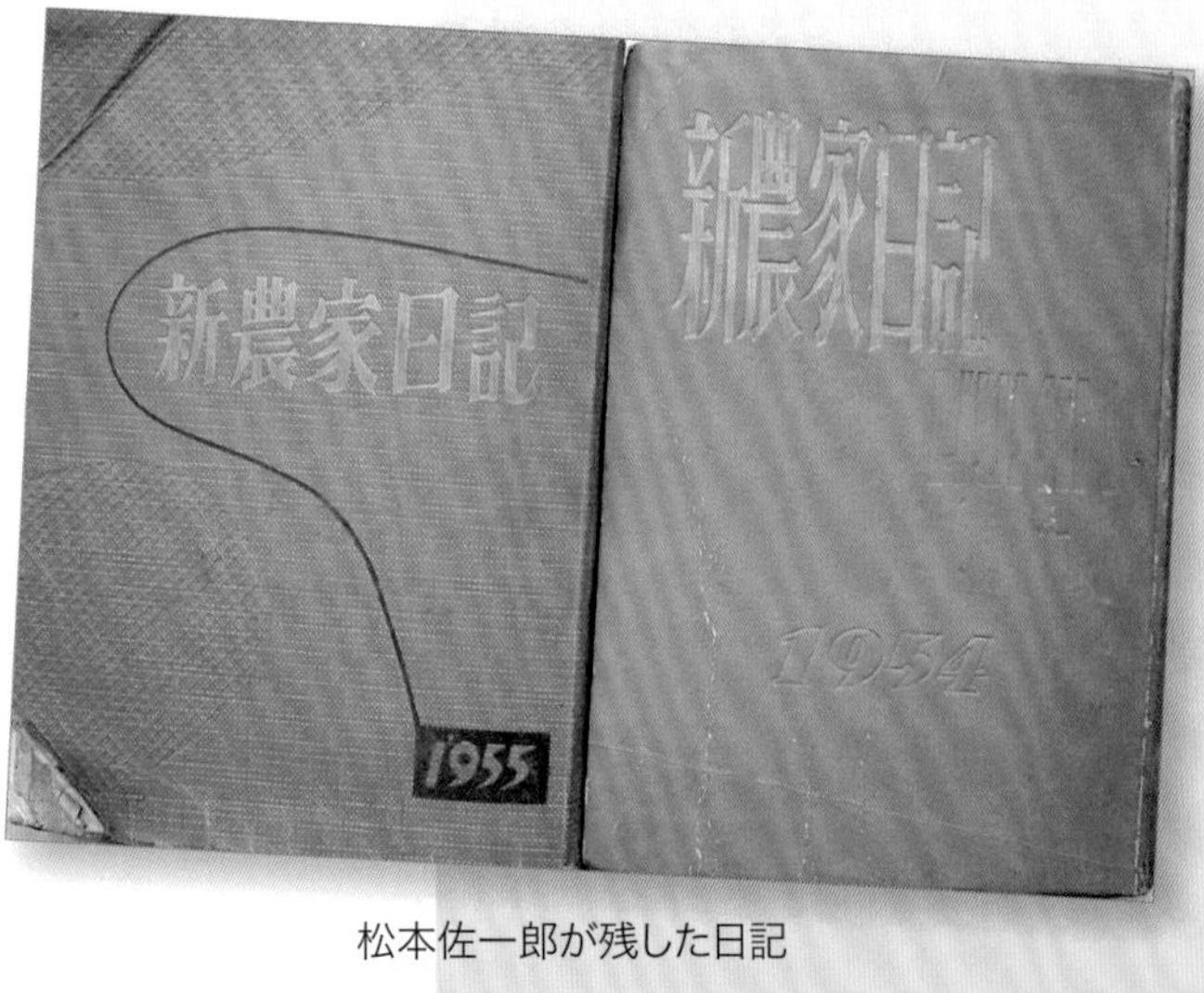

松本佐一郎が残した日記

ン」の自然交配を繰り返し、砂地に適した新しい大根を目指すことにした。「系統選抜法」という。「打木源助大根」が完成するまでに10年近くかかった。

佐一郎は品種改良の名手だった。ほかにも福島県で栽培される「会津赤皮南瓜」から「打木赤皮甘栗南瓜」、金沢のツルマメから「マツモトツルナシ」と「系統選抜法」によって砂地に適した作物を作り出していったのであるこれらの功績から、佐一郎は「砂丘農業の父」として尊敬されている。

愛知と交流始まる

「打木源助だいこん」の元となる品種を編み出した愛知県の産地との交流も始まった。佐一郎の根気で生まれ、3代目に引き継がれた源助だいこんは、世代を超えて引き継がれていくであろう。

砂地が周囲に広がる金沢市打木町＝2015年

打木の特産「打木赤皮甘栗かぼちゃ」。松本佐一郎が品種改良した

金沢市打木町に立つ松本佐一郎の胸像

97

三段跳び世界新記録、跳ぶ哲学者

大島《おおしま》 鎌吉《けんきち》

「大島杯」陸上大会を初開催 関西大フェスで足跡を紹介

大島 鎌吉
(1908〜1985)

現在の金沢市白銀町に生まれる。陸上競技選手として活躍し、三段跳びではロサンゼルス五輪(1932年)で銅メダルを取った。後に世界新記録(15㍍82)を樹立。引退後は後進の育成とスポーツを通した国際交流に努める。第2次世界大戦中は従軍記者としてベルリン陥落を経験。戦後は日本スポーツ界の復興と世界平和運動に尽力した。オリンピック平和賞受賞。

県勢初の五輪メダリスト

2023(令和5)年、石川陸上競技協会(石川陸協)は、ロサンゼルス五輪で銅メダルを獲得した金沢出身の大島鎌吉をたたえる「第1回大島鎌吉記念陸上競技大会」を金沢市の県西部緑地公園陸上競技場で開いた。大島は石川県勢初の五輪メダリストである。35種目で約400人が参加、記録更新を目指した。

大島が専門とした三段跳び、走り幅跳びの2部門の優勝者には「大島鎌吉杯」を贈った。初代王者は、大島の姿をイメージしたトロフィーを手にした。

石川陸協の藤垣晴夫副会長は「ようやく開催までこぎつけた。鎌吉さ

初めて開かれた第1回大島鎌吉記念陸上競技大会の男子三段跳び競技。優勝者には「大島鎌吉杯」が贈られた
＝金沢市の石川県西部緑地公園陸上競技場

んの功績を多くの地元の子どもたちに知ってもらいたい」と北國新聞社の取材に万感の思いを語った。本来は東京五輪が開かれる２０２０年の初回を目指していたが、新型コロナウイルス禍で延びていた。戦後日本のスポーツ界の復興に尽くした大島を語り継ぐ新たな大会が満を持して走り始めた。

「青年は未完成である」

若者とスポーツが平和な未来を切り開いていくという信念を持っていた。

「青年は未完成である
だから明日があるのだ
だから魅力があるのだ」

若者にこそ未来を見いだす大島の口癖だった。１９６４（昭和39）年の東京五輪の聖火ランナー候補を決める時、政治家や経済人を起用する案を一蹴して若者にその役を任せた。聖火ランナーの最終走者は広島に原爆が投下された45年8月6日、広島県に生まれた早稲田大学の陸上選手である坂井義則さんだった。

「水を飲まない」迷信を否定

大島は関西大学在学中にロサンゼルス五輪に出場しているが、陸上部

ロサンゼルス五輪の三段跳びでジャンプする大島
（関西大学年史編纂室所蔵）

の後輩たちには「学生の本分は学ぶことだよ。スポーツは学問の余暇にやるものだ」と語っていた。

大島は学業をおろそかにしなかった。常に成績優秀で英・独・露の3カ国語を習得している。そればかりではなかった。スポーツ医学書を読み込み、「運動中に水を飲んではならない」とする迷信を、科学的に否定していた。

文武両道の姿勢は生涯一貫しており、指導者となってからは海外から最新のスポーツ科学を学び、積極的に推進した。64年の東京五輪で選手強化を一任された際には練習方法の大改革を断行し、金メダル獲得数を60年ローマ大会の4個を大きく上回る16個まで増加させた。深く思案し、理論的に物事を実践する大島を、周囲は尊敬の意味を込め「跳ぶ哲学者」と呼んだ。

「参加する」意義を強調

「オリンピックで最も重要なことは、勝つことではなく参加することである」という有名なモットーを日本に紹介したのは大島だった。参加した選手が友好を深めることこそが平和につながるとした。一方で五輪の政治利用や商業化が進むことにはたびたび警鐘を鳴らしている。

この主張は第2次世界大戦中、毎日新聞社特派員としてドイツ戦線を取材し、ベルリン陥落を経験したことが大きいだろう。ソ連軍に捕まったものの奇跡的に解放され、焼け野原になった東京に戻り、終戦を迎える。人心の荒廃にスポーツの終焉《しゅうえん》を感じたというが「自分にはスポーツしかない。この死に損ないは何でもやってやる」と決意、希望を失った若者たち

大島 鎌吉の歩み

1908(明治41)年	現在の金沢市白銀町で生まれる
1923(大正12)年	金沢商業学校競走部に入部
1927(昭和2)年	極東選手権競技大会(上海)で三段跳び銀メダル
1928年	関西大学予科入学
1932年	ロサンゼルス五輪で三段跳び銅メダル獲得
1934年	毎日新聞社入社。日米対抗陸上競技近畿大会で三段跳び世界新記録
1936年	ベルリン五輪旗手兼主将として出場。現役を引退
1939年	毎日新聞社ベルリン特派員としてドイツへ
1945年	ベルリン陥落後ソ連軍に捕まる。解放されて帰国
1947年	大島の尽力で第2回国民体育大会・第1回レクリエーション大会を石川県で開催
1960年	選手強化対策本部副本部長に就任
1964年	日本選手団団長に選出。東京五輪開催
1982年	反核署名運動を推進。オリンピック平和賞受賞
1983年	日本スポーツ少年団功労賞受賞。フォーラムOPT21大阪を主催
1985年	死去。オリンピック功労賞受賞

に再び活力を与えようと、スポーツによる青少年健全育成に取り組んだ。日本スポーツ少年団の発足には並々ならぬ力を注いでいる。

国民一人一人がスポーツを余暇として楽しめば、健全な社会と世界平和につながるとし、全国の競技大会や団体発足を援助している。青少年育成を掲げた第1回国民体育大会の開催後、石川県は第2回開催地として立候補し、大島は相談役として開催を支援した。

関西大フェスで紹介

関西大学は「大島鎌吉スポーツ文化賞」を設けスポーツに尽くした若者や指導者を顕彰している。2023年9月に金沢で初めて開催された「関西大学フェスティバル・in北陸」では大学と関係の深い金沢の偉人として、山岡順太郎と大島鎌吉が紹介された。フェスティバルでは関連資料の展示や伝記漫画の配布が行われた。

この他にも大阪体育大学は「大島鎌吉スポーツ賞」、金沢市陸上競技協会が「大島鎌吉賞」を設けている。

大島鎌吉スポーツ文化金沢研究会の野村泰裕会長は「『大島のスポーツ思想は過去のものではなく、今も生きている、いや生かさなければならない』という方針で活動を進めていきたい」と今後の抱負を語る。

金沢で初めて開催された「関西大学フェスティバルin北陸」では山岡順太郎とともに大島鎌吉が紹介された＝2023年9月、金沢市内のホテル

小中学生16人をたたえた金沢市陸協の第22回大島鎌吉賞授与式＝2023年3月、金沢市内のホテル

98

ふるさとで描く洋画家

高《たか》光《みつ》一《かず》也《や》

(1907~1986)

県内在住で初の文化功労者

真宗大谷派で「加賀の三《さん》羽《ば》烏《がらす》」と称された名僧、高光大船の長男として現在の金沢市北間町に生まれる。父の跡を継ぎ住職をしながら、一貫してふるさとで描くことにこだわった洋画家である。

日展、光風会展で声価を高め、1986(昭和61)年、石川県内在住の美術作家として初めて文化功労者として顕彰された。「地方でずっと仕事をしてきて、それが認められたのが何よりうれしいんや」と感慨を述べている。

石川県立工業学校(現・県立工業高等学校)を卒業後、東京美術学校への進学は諦めて、小学校の図画教員となる。この間、妹をモデルとして腕を磨いた。暁《あけ》烏《がらす》敏《はや》の紹介で洋画家の中村研一に師事。帝展(日展の前身)初入選を機に小学校教員を辞職し画業に打ち込んだ。

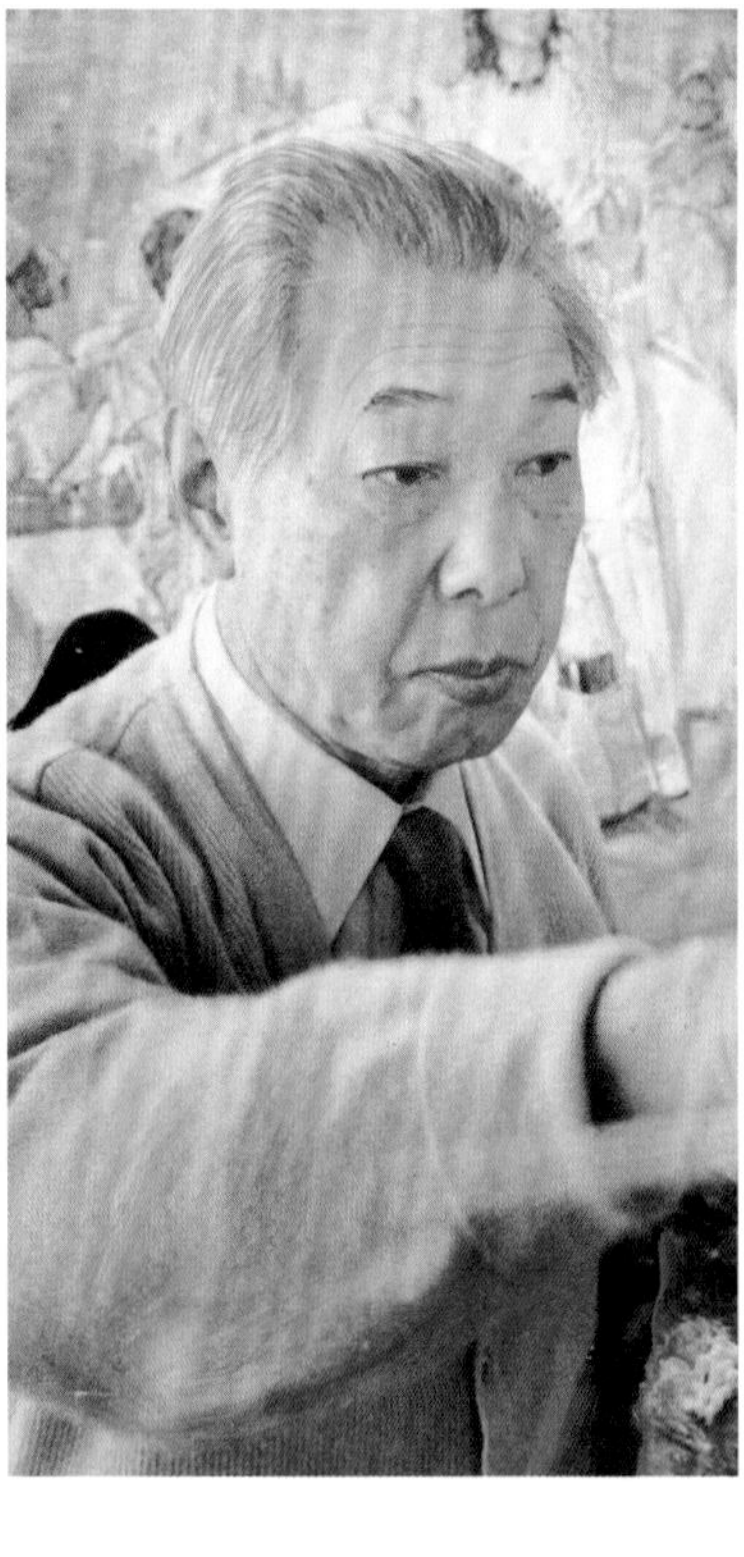

美文協設立に関わる

終戦直後、石川県美術文化協会の設立に関わり、1945(昭和20)年10月に始まる現代美術展を通じて、美術界の盛り上げを図った。金沢美術工芸専門学校(現・金沢美術工芸大学)では、自身も講師となり、後進の育成に当たった。

99

「星稜」の創立者
稲《いな》置《おき》 繁《しげ》男《お》

(1909〜1993)

生徒8人から出発、「誠実」説く

現在の奈良市月ケ瀬で生まれた。金沢市御所町の金沢星稜大学、金沢星稜高等学校などを擁する学校法人稲置学園の創立者である。

彦三の専修学校が始まり

1932(昭和7)年、北陸明正珠算簿記専修学校を現在の金沢市彦三に創設したのが学園の始まりである。生徒はこの時、わずか8人だったという。「至誠ヲ源トシ、忠実ヲ体トシ、進取ヲ用トスベシ」という校訓を掲げた。

戦前から戦後にかけて、学校は名称を変更しながら拡大を続けた。1963(昭和38)年に星稜高校が発足。65年に星稜幼稚園、67年に金沢経済大学(現・金沢星稜大)を開いた。現在は大学1校・短大1校・高校1校・中学校1校・幼稚園2園を設置・運営する学校法人となった。

稲置は特に「誠実」を重んじたことで知られる。「誠実は、真情であり、誠意である。心をこめて実行することである」と説いた。

スポーツであれ勉強であれ、取り組んだことはやり遂げる若者の育成に当たったという。現在も稲置学園は「誠実にして社会に役立つ人間の育成」の教育理念を掲げている。

100

金属造型の開拓者

蓮田修吾郎《はすだしゅうごろう》

（1915〜2010）

日展で大きな存在感 環境造型美術を提唱

金沢駅金沢港口には、巨大なモニュメントがある。「石川県の形だ」「カナザワと読める」など、見る人によって多彩な感想を呼ぶ作品は「悠颺《ゆうよう》」という。高さ19・89メートル、最大横幅40メートル。金沢が生んだ金属造型作家・蓮田修吾郎による1991（平成3）年の作品である。伸びゆく金沢の将来像を表現した。

同じ年に完成した北國新聞会館には「北辰《ほくしん》」と題したステンレスの作品が1階ロビーにある。2022（令和4）年、蓮田に師事した金工作家の宮田亮平・前文化庁長官は作品を鑑賞して「蓮田先生は未来の街のあるべき姿を想像し、その場所に創作しているはず。金沢が文化都市として成熟している今、時代が追い付いたといえるのではないか」と述べた。

蓮田は青銅や白銅によるレリーフなど建築空間を飾る手法を開発するなど金工の近代化と「金属造型」という新分野開拓に尽くした。

もともと画家志望

現在の金沢市野田町に生まれ、石

金沢駅金沢港口の「悠颺」

川県立工業学校（現・県立工業高等学校）に進学した。当初は画家を目指していたが、父親の猛反対に遭った。進学先の東京美術学校では志望と異なる鋳《ちゅう》金《きん》部に配属されるなど、金属造型の道は当初不本意なものだった。後に師匠となる高村豊《とよ》周《ちか》の熱弁で興味が沸き、金属造型の道を突き進むこととなる。

軍役中に電気鋳造法などを習得したことや戦争という極限状態の経験が、その後の作品制作に大いに生かされることとなった。1960年代末から金属「工芸」からの脱却を目指して金属「造型」を提唱し始める。日本金属造型研究所を設立し、後進の育成に励む。

北國新聞会館の「北辰」

日展での特選を機に作家として全国的に名声を高めていく。1975（昭和50）年に日本芸術院会員、87年に文化功労者、91年に文化勲章受章。

1980年代以降は日展工芸美術部門の有力団体・日本現代工芸美術家協会の会長として大きな存在感を発揮した。ドイツ連邦共和国功労勲章1等功労十字章を受章。鎌倉市や金沢市の名誉市民となる。

いつでも、だれでも

工芸を都市や屋外空間の美に生かす「環境造型美術」を提唱、「建築と接点をもった造型」「公共のための造型」を理念とした。北海道納《の》沙《さっ》布《ぷ》岬にある北方領土返還祈念モニュメント「四島のかけ橋」（1981年）はその威容と共に大きな話題を呼んだ。いつでも、だれでも見られることを目指した野外巨大モニュメントが蓮田の足跡となっている。

ご協賛いただいた法人、個人の皆様

黒川　良安　国立大学法人 金沢大学附属病院
森田　柿園　石川郷土史学会　会　長　藏角利幸
副会長　加納嘉津政、真山武志、横山方子
常任幹事　亀井敏、篠井隆正、高井勝己、竹林義隆、藤村進、宮村正市
小野太三郎　社会福祉法人陽風園
関口　開　剣月流剣詩舞刀法道宗家 高桑剣月　宗範 高桑剣桜
石川　舜台　真宗大谷派永順寺　住職 石川現舜
納富介次郎　大村昭男（県立工業高校・昭和36年卒）
寺谷武史（県立工業高校・昭和45年卒）
横山　隆興　株式会社横山商会　代表取締役社長 横山信太郎
横山方子、横山薫
六代目 高多久兵衛　高多泰江、ＪＡ金沢中央
高峰　讓吉　高峰讓吉博士ゆかりの会　会　長　長谷川保子
副会長　麻生修善、山形益代
理　事　岡崎恵子、高橋みち子、中田邦雄、三浦聖子、宮岸佑一
事務局長　豊原菊生
監　事　吉本豊一
特定非営利活動法人 高峰讓吉博士研究会
井口　在屋　株式会社荏原製作所
桜井　錠二　九和会
初代 佐野吉之助　公益社団法人 金沢能楽会　副理事長　佐野由於
山岡順太郎　関西大学校友会 石川県支部　支部長　宮本治郎
幹事長　八田聖治
加藤　せむ　学校法人 金城学園
木村　栄　国立天文台水沢友の会、及川信子
鈴木　大拙　大谷大学 学長 一楽真、鈴木大拙館 館長 木村宣彰
西田幾多郎　石川県かほく市
徳田　秋声　学校法人 金沢学院大学
細野　燕台　細野定子、細野明角、蟹江五月

泉 鏡花 学校法人 金沢学院大学
安宅 弥吉 アタカホールディングス、加賀建設株式会社、大野湊神社、真宗大谷派本龍寺
安宅一弥、安宅昇、安宅光雄、岩村恵子
野口 遵 旭化成株式会社
公益財団法人野口研究所
畠山 一清 株式会社荏原製作所
三代目 中島徳太郎 株式会社中島商店 代表取締役社長 中島雄一郎
八田 與一 八田技師夫妻を慕い台湾と友好の会
技師孫 八田修一、技師生家当主 八田守
相談役 西岡滋、顧問 陳文筆
世話人代表 德光重人
世話人副代表 西岡祐暢、新保大志
世話人 嶌村義隆
室生 犀星 学校法人 金沢学院大学
木村 雨山 石川県指定無形文化財 加賀友禅技術保存会
会 長 二代 由水十久
副会長 高平良隆 上田外茂治
会 員 杉村典重 窪田裕兆 白坂幸蔵 松井眞夫 藤村建雄 松島由美 柿本結一
参 与 中町博志 柿本市郎 由水煌人
協同組合加賀染振興協会
小粋なきもの倶楽部 理事長 鶴賀雄子
磯田 謙雄 松任谷秀樹
中西 悟堂 小谷ハルノ、川崎晶子
松田 権六 松田内科医院院長 松田邦夫、松田梨園代表 松田善延
金沢学院大学芸術学部教授 市島桜魚
花山 信勝 浄土真宗本願寺派宗林寺 住職 花山勝澄
谷口 吉郎 谷口建築設計研究所
松本佐一郎 松本惲、松本充明、JA金沢市
大島 鎌吉 一般財団法人石川陸上競技協会
関西大学校友会石川県支部 支部長 宮本治郎
幹事長 八田聖治

（敬称略）

金沢ふるさと偉人館 創立30周年記念
近代を拓いた 金沢の100偉人

発行日　2023（令和5）年12月25日　第1版第1刷
編　集
発　行　北國新聞社
〒920-8588
石川県金沢市南町２番１号
TEL 076-260-3587（出版部直通）
ISBN978-4-8330-2302-3